Reinhard Brunner * Hörst du die Stille?

Reinhard Brunner

Hörst du die Stille?

Meditative Übungen mit Kindern

Mit Illustrationen von Brigitte Smith

Kösel-Verlag

Für Nana, Andreas und Lena

ISBN 3-466-30315-X

Druck und Bindung: Kösel, Kempten
Umschlag: Elisabeth Petersen, Glonn
Umschlagmotiv: Brigitte Smith, München
3 4 5 6 · 96 95 94 93

Inhalt

Einige Gedanken vorweg

Mit welcher Freude, mit welcher Begeisterung können Kinder spielen! Und welche Gelassenheit und Ruhe geht von ihnen aus, wenn sie sich einer Tätigkeit ganz hingeben!

Wir erleben sie dann mit ungeteilter Aufmerksamkeit, mit großer Konzentration.

Auf diese Weise da zu sein, so zu handeln, gehört zum Spielen genauso wie zum Meditieren.

Oft verbinden wir mit Meditieren eine bestimmte Form des Sitzens oder eine bestimmte Technik der Konzentration. Solche Regeln und Techniken können die Meditationspraxis unterstützen; unbedingt erforderlich sind sie jedoch nicht. Immer dann, wenn wir ganz bei dem sind, was wir tun, ohne Ehrgeiz und ohne Ausrichtung auf den Zweck unseres Tuns, sind wir in einer meditativen Haltung, sind wir in Meditation.

In dieser Haltung verschwinden unsere Unrast und unser Streben. Unser ständiges Vergleichen, unser Urteilen und Verurteilen können zur Ruhe kommen. Dann können sich Stille und Freude ausbreiten.

Wer die Gelassenheit und Schönheit in den Gesichtern von Kindern und Erwachsenen beim Meditieren erlebt, erfährt unmittelbar die Bedeutung und den Sinn von Meditieren. Wer mit Kindern meditiert oder mit ihnen meditative Übungen, wie sie in diesem Buch beschrieben werden, durchführt, erlebt auch, daß Kinder nach diesen Meditationen gelassener und achtsamer handeln und liebevoller mit sich und anderen umgehen.

Solche Veränderungen erkennen wir als besonders wertvoll, wenn wir an die heutige Realität denken, in der Kinder aufwachsen. Schon früh wird von ihnen ein hektisches, ehrgeiziges und leistungsorientiertes Verhalten gefordert. Sie werden immer häufiger zu einem kritischen und vergleichenden Vorgehen angehalten und zu einem immer abstrakteren Umgang mit sich und der Welt aufgefordert. Ein zärtliches und gelassenes Eingehen auf ihre Umwelt wird kaum noch geschätzt oder gefördert.
Die Auswirkungen einer solchen Erziehung und ihrer Forderungen sind nicht mehr zu übersehen. Es sind wenige Kinder, die heute noch konzentriert bei einer Tätigkeit bleiben können. Viele gehen lieblos mit sich und ihren Mitmenschen um. Ungeduldiges und aggressives Verhalten nehmen deutlich zu.
Gewiß bedarf es weitreichender Veränderungen in unserer Gesellschaft und unserer Erziehung, um der Not, die hinter einem solchen Verhalten sichtbar wird, sinnvoll zu begegnen.
Meditation wie ein herkömmliches pädagogisches Mittel zur Linderung dieser Not einzusetzen, würde jedoch dieser Form menschlichen Seins widersprechen. Ihr spielerisches, absichtsloses Wesen würde dadurch verloren gehen. Deutet das aber nicht darauf hin, daß Meditieren in der pädagogischen Praxis mit Kindern und Jugendlichen fehl am Platz ist?
Meditation bejaht das So-Sein des Menschen und der Welt. Mit Kindern meditieren fördert ihre Fähigkeit und ihre Bereitschaft, sich anzunehmen und achtsam auf ihre Mitwelt und Umwelt zu antworten. So wird ihr Vertrauen in die Welt gestärkt und auch die Erfahrung ihrer überweltlichen, transpersonalen Existenz erleichtert. Auf diese Weise helfen wir mit, daß sie ihre eigene Würde erkennen und achten.
Mit Kindern meditieren setzt voraus, daß wir als Eltern, Erzieher oder

Lehrer selbst meditieren. Das geschieht am besten in der Anleitung erfahrener Meditationslehrer und in Gruppen, wie sie heute von vielen Institutionen angeboten werden.
Wir können uns aber auch täglich für eine kurze Zeit zu einer meditativen Übung zurückziehen. Dann erfahren wir an uns selbst, wie Meditieren und achtsames Üben mithelfen, daß wir gelassener und liebevoller mit uns und unseren Mitmenschen umgehen können. Aus einer solchen Haltung heraus werden wir dann auch fähig und bereit, Kinder zum Meditieren hinzuführen und sie auf diesem Weg zu begleiten.

Hinweise zu den Übungen

Die meisten Übungen in diesem Buch sind in zwei Teile gegliedert. Im ersten Teil geht es zumeist um eine Einstimmung in das jeweilige Thema. Der zweite, umfangreichere Teil enthält vor allem praxisorientierte Hinweise. Er ist durch dieses Zeichen ✪ von der Einstimmung abgesetzt. In diesem zweiten Teil erscheinen die Anweisungen, die sich direkt an die Kinder wenden, in einer größeren Schrift. Diese Anweisungen sollten jedoch nur als Beispiele und als Anregungen dafür gesehen werden, wie die Kinder angeleitet werden können. Entsprechend der Erfahrungen der Kinder, ihrem Sprachvermögen und ihrer Bereitschaft zum Meditieren müssen diese Anweisungen abgeändert werden.

Im wesentlichen wurden die Meditationen so beschrieben, daß sie in der Arbeit mit Gruppen eingesetzt werden können. Doch bieten fast alle Übungen, angemessen verändert, auch Anregungen zum Meditieren alleine.

Vor dem Einsatz der meditativen Übungen erscheint es notwendig, daß die Leiterin bzw. der Leiter eigene Erfahrungen mit den Themen und den Übungen sammelt. Die Illustrationen können dabei helfen.

Erst dann wird es in der Regel möglich sein, Einführungen und Anweisungen zu geben, die die Situation der Kinder und die äußeren Bedingungen angemessen berücksichtigen.

Die Anordnung der Meditationen in diesem Buch läßt keine spezifische Systematik erkennen.

Es ist also möglich, die Übungen auch in einer anderen Reihenfolge als der vorgegebenen einzusetzen. Allerdings sind die Übungen im letzten Drittel des Buches eher für ältere oder im Meditieren erfahrene Kinder gedacht.
Vor der Anwendung einzelner Übungen empfiehlt es sich, die Anmerkungen zum Sitzen zu lesen und sich einen Überblick über alle Themen und Übungsformen zu verschaffen. Dies wird die Entscheidung erleichtern, in welcher Situation eine bestimmte Übung eingesetzt werden kann. Ein solcher Überblick vergrößert dann auch die Fähigkeit, die Übungen abzuändern.
In der Praxis sollten die Meditationen nicht starr, eine nach der anderen, eingesetzt werden. Manchmal wird es gut sein, bei einer Übung länger zu verweilen oder sie wiederholt anzuwenden.

Vielleicht erleben wir nach einiger Zeit der Praxis mit diesen Übungen, daß es eigentlich keiner besonderen Techniken, keiner besonderen Zeit und keines besonderen Raumes bedarf, um zu meditieren, um in Meditation zu sein.

Über das Sitzen

In den Meditationen und Übungen in diesem Buch werden häufig Sitzhaltungen aus der östlich orientierten Meditationspraxis empfohlen. Die folgenden Anmerkungen geben eine kurze Einführung zum Sitzen in dieser Weise. Sie wollen auch auf die Bedeutung und die Kunst des »rechten« Sitzens aufmerksam machen.

Die Aufforderung »Sitz gerade!« erleben wir gewöhnlich als einengend und disziplinierend. Wir fühlen uns durch sie in unserer gewöhnlichen, für uns bequemen Sitzhaltung gestört. Bequem erscheint uns zumeist eine Sitzhaltung, bei der wir die Beine hochgelegt haben, mit unserem Gesäß in einem weichen Sessel versunken sind und bei der unser Rücken durch eine gepolsterte Lehne gestützt wird. Eine solche Sitzhaltung engt jedoch unseren Bauch- und Beckenraum ein und verhindert eine freie und tiefe Bauchatmung. Unser Rücken wird dabei leicht zu einem Rundrücken, und unserer Wirbelsäule wird ihre Aufgabe genommen, den Oberkörper aufzurichten und den Kopf frei zu tragen. Dadurch aber wird die Rückenmuskulatur geschwächt, die Haltung unseres Leibes verkümmert, und unser Atem wird zunehmend flacher.

Wie anders doch sitzen gesunde Säuglinge und Kleinkinder. Wenn sie auf dem Boden oder auf einem Tisch sitzen, können sie ihren Oberkörper ohne Mühe frei aufrichten. Mit einer erstaunlichen Beweglichkeit ergreifen sie Gegenstände, drehen den Kopf, beugen sich der Sitzfläche entgegen und richten sich wieder auf. Dabei kann man auch die selbstverständlich erscheinende, feste Verbindung ihres Gesäßes mit der Sitzfläche erkennen.

Sitzhaltungen im Yoga und in der Meditationspraxis des Zen- Buddhismus haben meist folgende gemeinsame Merkmale:

– Der Übende oder Meditierende läßt sich mit seinem Gesäß ruhig und fest auf der Sitzfläche nieder. Dabei spürt er deutlich die Verbindung seiner Sitzknochen mit der Sitzfläche.

– Die Knie berühren den Boden oder die Sitzfläche; sie erscheinen dann tiefer als die Hüftknochen.

– Der Oberkörper wird aufgerichtet; der Kopf kann so frei von der Wirbelsäule getragen werden. Jetzt kann sich der Bauch, vor allem auch der untere Teil des Bauches, frei ausdehnen. Die Atmung wird dadurch tiefer und gelassener.

– Die Schultern werden locker gelassen; die Arme hängen dann frei nach unten.

– Das Kinn wird leicht zum Körper hin bewegt.

– Die linke Hand wird in die rechte, nach oben geöffnete Hand gelegt. Die Daumen werden etwa waagerecht gehalten, wobei sich die Daumenspitzen berühren. Die so gesammelten Hände werden dann behutsam, knapp unterhalb des Nabels, an den Bauch gelegt. Diese Haltung der Hände kommt aus dem Zazen[1], der Meditationspraxis des Zen-Buddhismus.
Die Hände können auch auf die Knie gelegt werden. Die Handflächen zeigen dann nach oben mit einer leichten Drehung nach innen. Es gibt auch Haltungen, bei denen die Hände nach unten geöffnet auf die Knie oder etwas oberhalb der Knie auf die Schenkel gelegt werden.

Es werden verschiedene Sitzhaltungen praktiziert:

- Wer wenig geübt ist, Beschwerden mit den Knien hat oder selten auf dem Boden gesessen ist, sitzt am besten auf einem Stuhl mit einer geraden, harten Sitzfläche und einer geraden Lehne. Für diese Haltung ist auch ein Hocker ohne Lehne geeignet. Damit die Knie tiefer als das Becken kommen, legt man ein festes Polster auf die Sitzfläche oder rückt mit den Sitzknochen in Richtung der vorderen Kante der Sitzfläche.
  Die folgenden Haltungen entspringen östlicher Meditationspraxis. Bei diesen Formen sitzt der Meditierende auf dem Boden. Sammlung und Haltung des Übenden erscheinen dabei durch die größere Erdnähe fester und gleichzeitig gelassener.

- Beim Lotossitz werden die Beine gekreuzt und die Füße auf die gegenüberliegenden Oberschenkel gelegt. Ein Sitzkissen oder eine zusammengefaltete Decke unter dem Gesäß tragen dazu bei, daß die Knie leichter in Verbindung mit dem Boden kommen und in eine tiefere Lage als das Gesäß. Der Lotossitz gilt als die schönste Meditationshaltung (S. 13; unten Mitte).
  Für die meisten Menschen aus dem westlichen Kulturkreis ist er wegen mangelnder Übung in der Kindheit zu beschwerlich. Eine feste und doch bequeme Haltung als Voraussetzung für das Meditieren im Sitzen kann mit dem Lotossitz für die meisten von uns nicht erreicht werden.

- Der halbe Lotossitz ist auch für Ungeübte leichter einzunehmen. Bei dieser Sitzhaltung werden, wie bei dem ganzen Lotossitz (s.o.), die Beine gekreuzt, doch wird nur ein Fuß auf den anderen Oberschenkel gelegt. Auch dieser Sitz gelingt leichter, wenn man ein festes Sitzkissen unter das Gesäß schiebt (S. 13 ; oben, links).

- Einfacher noch ist eine Sitzhaltung, bei der der rechte oder der linke Fuß mit der Ferse etwa in Höhe der Körperachse auf den Boden gelegt wird und der andere Fuß dann davor. Diese Sitzhaltung kann so abgewandelt werden, daß man den zweiten Fuß zwischen Oberschenkel und Wade des gegenüberliegenden Beines legt. Auch bei dieser Haltung ist ein Sitzpolster unter dem Gesäß zu empfehlen (S. 13; oben, Mitte).

- Beim japanischen Sitz, auch Diamantsitz oder Fersensitz genannt, kniet man sich auf den Boden und setzt sich auf die Fersen.
  Ein Polster oder ein Kissen, das zwischen die Fersen und das Gesäß gelegt wird, erleichtert das Sitzen in dieser Haltung (S. 13 ; oben, rechts).

- Der Fersensitz kann durch die Verwendung eines Meditationsschemels abgewandelt und erleichtert werden. Die Sitzfläche dieses Schemels ist nach vorne abgeschrägt. Nachdem man sich hingekniet hat, stellt man den Schemel auf den Boden, so daß man sich mit dem Gesäß bequem auf ihm niederlassen kann. Die Knie werden dabei etwa um eine Handbreit geöffnet (S. 13; unten links).

Nach dem Sitzen in einer dieser Haltungen ist es gut, langsam aufzustehen. Durch leichtes Massieren der Fuß- und der Kniegelenke fällt die Erfahrung mit den meist ungewohnten Körperhaltungen leichter.

Dies ist meine Hand

Die Kinder sitzen im Kreis auf Stühlen oder im Fersensitz auf dem Boden. Wir bitten sie nun, ihre rechte oder linke Hand etwa in Gesichtshöhe vor sich zu halten. Die Innenfläche der Hand ist dem Gesicht zugewandt.
Der Erwachsene spricht den folgenden Text langsam und deutlich vor. Er führt dabei die beschriebenen Bewegungen auch selbst aus.

Sprecht das, was ihr hört, innerlich mit und führt die angegebenen Bewegungen gleichzeitig oder kurz danach aus.

Ich beuge den Mittelfinger,
den Zeigefinger
und gemeinsam den Ringfinger und den
kleinen Finger.
Dann strecke ich sie alle wieder aus.

Dies ist meine Hand.

Ich beuge den Daumen
und streck ihn wieder aus.
Er ist breit und stark.
Ich lasse ihn Kreise drehen,
kleine Kreise, große Kreise, kleine Kreise.

Dies ist meine Hand.

Mit feinen Linien durchzogen,
mit kurzen und langen,
mit senkrechten und waagrechten.
Feine und kräftige Linien,
kreuz und quer!

Dies ist meine Hand.

Ich schließe sie zu einer Faust.
Sie ist kräftig und stark,
warm und fest.
Ich öffne sie wieder.

Dies ist meine Hand.

Ein Stein in meiner Hand

Für diese Übung brauchen die Kinder einen kleinen, runden Kieselstein, der ihnen besonders gut gefällt. Er soll gerade so groß sein, daß sie ihn leicht mit einer Hand umschließen können.
Damit auch die Kinder mitmachen können, die vergessen haben, einen Kieselstein mitzubringen, empfiehlt es sich, eine genügend große Zahl von Steinen vorrätig zu halten. Die Kinder dürfen dann diese Steine betrachten, sie ertasten, in den Händen halten und einen auswählen, der ihnen gefällt.
Wenn wir den Text vortragen, sollten wir darauf achten, nach jeder Zeile eine deutliche Pause zu machen.

Setzt euch im Kreis auf Stühle oder im Fersensitz auf den Boden.
Ihr hört jetzt gleich einen Text. Sprecht die Worte »innerlich«, also lautlos, mit und führt die beschriebenen Bewegungen aus.

Ein Stein in meiner Hand.
Ich ertaste ihn mit meinen Fingern.
Wie fühlt er sich an?
Kalt, glatt, rund?

Ich lasse ihn in meiner Hand ruhen.
Ich spüre sein Gewicht,
ein kleiner schwerer Stein.

Zuerst ist er noch kalt.
Dann wird er wärmer, so warm wie meine Hand.
Ein Stein in meiner Hand.

Mein Stein fliegt in die Höh'

Die Kinder bilden einen Kreis, der so groß ist, daß sie ihre Arme ausbreiten können, ohne mit ihren Nachbarn zusammenzustoßen.

Wie steht ihr jetzt da?
Spürt ihr eure Füße auf dem Boden? Steht ihr fest oder kippt ihr gleich um?
Geht jetzt mit eurer Aufmerksamkeit zu eurer Hand und zu dem kleinen Stein! Laßt zunächst den Stein in der geöffneten Hand ruhen. Wie fühlt er sich an, ist er glatt oder rauh? Spürt sein Gewicht, seine Form! Welche Farbe hat er?
Versucht dann den Stein aus der hohlen Hand heraus ein klein wenig in die Höhe zu werfen. Vielleicht könnt ihr für einen Moment spüren, wie eure Hand leer wird, wie das Gewicht des kleinen Steins und seine Kühle nicht mehr da sind. Werft den kleinen Stein immer wieder in die Höhe, zuerst nur wenige Zentimeter, dann so hoch, daß er ein wenig über eure hohle Hand hinaus fliegt.
Nach einiger Zeit spürt ihr vielleicht deutlicher, wann ihr Kontakt mit dem Stein habt und wann sich eure Hand ohne Stein bewegt.
Versucht jetzt, den Stein noch etwas höher zu werfen!
Könnt ihr den Stein beim Hochfliegen beobachten?
Wie bewegt sich eure Hand beim Hochwerfen und wie beim Auffangen?
Noch schneller als eure Hand ist der Stein. Wenn er herunterkommt, fällt er in eure Hand, rollt noch ein wenig und bleibt dann liegen.
Laßt ihn dann noch von einer Hand in die andere rollen.

Zum Schluß könnt ihr den kleinen Stein mit euren beiden Händen umschließen. Wie er sich wohl in euren Händen fühlt? Und wie fühlt ihr euch dabei?

Diese Übung läßt sich auch gut im Sitzen durchführen.
Eine andere Möglichkeit besteht darin, den Stein im Gehen in die Höhe zu werfen.

Was geschieht, wenn ihr gleichzeitig den Stein hochwerft und geht? Könnt ihr euch dabei einmal auf das Werfen, das andere Mal auf das Gehen konzentrieren? Und wer kann dann beides – wie selbstverständlich – gleichzeitig erleben?

Ein Stein auf meinem Kopf

Die Kinder nehmen wieder ihren kleinen Kieselstein und setzen sich mit Stühlen in einen Kreis.

Wie fühlt sich euer Stein heute an?
Wie sieht er aus?
Gebt ihn von einer Hand in die andere, reibt ihn zwischen euren Fingern und laßt ihn auf eurer Handfläche sacht hin- und herrollen.
Nehmt jetzt den kleinen Stein und legt ihn auf euren Kopf!
Probiert aus, wo er am besten, am sichersten liegt!

Wie sitzt ihr jetzt da?
Zusammengesunken? Nach vorne gebeugt? Oder haltet ihr euch mit eurem Rücken an der Stuhllehne fest?
Wenn ihr eure Sitzhaltung verändert, ändert sich auch eure Kopfhaltung.
Liegt der Stein dann noch sicher, oder müßt ihr seine Lage verändern?
Wie verändert sich eure Sitzhaltung, wenn ihr mit eurem Gesäß ganz langsam zur vorderen Kante eures Stuhles rückt?
Sobald ihr den Eindruck habt, euer Stein könnte herunterfallen, haltet ihn mit einer Hand fest und legt ihn wieder so auf den Kopf, daß er sicher liegt.
Jetzt versucht einmal vorsichtig euren Kopf zu drehen, nach links und dann nach rechts. Wie weit könnt ihr den Kopf drehen, ohne daß der Stein herunterfällt? Haltet den Kopf nach einiger Zeit wieder still.

Könnt ihr jetzt eure Arme bewegen und den Stein trotzdem sicher auf eurem Kopf liegenlassen?

Wenn er herunterfällt, hebt ihn wieder auf und versucht es von neuem. Oder ihr macht eine Pause, haltet den Stein in euren Händen und beobachtet die anderen aus der Gruppe, wie sie mit ihrem Stein spielen.

Wenn ihr eine Weile probiert habt, nehmt den Stein wieder in eure Hände und haltet ihn noch eine Weile geborgen.

Wer mag jetzt darüber sprechen, wie es ihm bei dieser Übung ergangen ist?
War es leicht, den Stein auf dem Kopf zu tragen?
Bei welchen Bewegungen hattet ihr Mühe?
Wie war das Sitzen dabei?
Und wie geht es euch jetzt?

Ein Spaziergang mit dem kleinen Kieselstein

Die vorangegangenen Übungen haben die Kinder schon etwas vertrauter im Umgang mit dem kleinen Kieselstein gemacht. Bei der folgenden Meditation können sie versuchen, den kleinen Stein auf ihrem Kopf im Zimmer oder im Freien herumzutragen.

Setzt euch bitte auf die Stühle und legt euren kleinen Kieselstein auf den Kopf.
Wenn ihr mit eurem Gesäß möglichst weit an die Vorderkante eures Stuhles rutscht, könnt ihr in die »Höhe wachsen« und den Stein ganz stolz auf dem Kopf tragen! Legt eure Hände in den Schoß und laßt euch Zeit, so daß ihr den Stein auf eurem Kopf besser spüren könnt und vertrauter mit ihm werdet!
Versucht dann – nach einer Weile – mit eurem Stein auf dem Kopf aufzustehen.
Wenn ihr fürchtet, er könnte herunterfallen, haltet ihn fest und legt ihn an eine Stelle, wo er besser liegt und ihr gut mit ihm ins Gleichgewicht kommt. Setzt jetzt vorsichtig einen Fuß vor den anderen auf den Boden.
Wie schnell oder langsam müßt ihr gehen, damit euer Stein nicht verrutscht und auf den Boden fällt?
Hat sich nach einigen Schritten etwas verändert?
Eure Schritte können jetzt größer oder schneller werden. Paßt auf eure Mitspieler und Mitspielerinnen auf, damit ihr nicht zusammenstoßt. Probiert dann einmal aus, die entgegenkommenden Kinder anzuschauen, sie mit euren Augen zu begrüßen.

Nachdem ihr lange genug mit eurem Stein spazierengegangen seid (oder auf ein Zeichen hin), geht ihr wieder langsam zurück zu euren Stühlen. Setzt euch jetzt vorsichtig hin, denn der Stein auf eurem Kopf soll nicht herunterfallen. Wenn ihr spürt, daß euch das nicht gelingt, nehmt eine Hand zu Hilfe und haltet den Stein fest.
Bleibt jetzt mit eurem kleinen Stein auf dem Kopf so lange sitzen, bis alle Kinder ihren Platz eingenommen haben. Nehmt dann den Stein von eurem Kopf, schaut in die Runde und haltet dabei euren Stein noch eine Weile in den Händen.

Wie ist es euch bei dieser Übung ergangen?
Wie fühlt ihr euch jetzt mit euerem kleinen Stein?
Wem ist noch eine andere Übung mit dem kleinen Stein eingefallen?
Könnt ihr sie uns vormachen?

Kühle auf meiner Stirn

Die Kinder brauchen für diese Übung wieder einen kleinen Kieselstein und eine Decke zum Drauflegen.

Setzt euch mit eurem kleinen Kieselstein im Schneidersitz auf die Decke. Den Kieselstein legt ihr zunächst vor euch hin.
Ihr könnt euch jetzt Zeit lassen und dabei euren Stein betrachten. Legt euch nach einer Weile auf den Rücken; den Stein in Reichweite neben euch.
Wie liegt ihr da? Bequem ausgestreckt oder noch etwas angespannt? Wie liegen eure Arme? Könnt ihr sie locker neben eurem Körper liegen lassen?
Und eure Beine? Sind sie übereinandergelegt, angewinkelt, zeigen die Fußspitzen nach innen oder nach außen? Könnt ihr sie entspannt und leicht gespreizt auf der Decke liegen lassen?
Bleibt jetzt einfach eine Weile so liegen, ohne etwas Besonderes zu tun oder zu denken.
Nehmt jetzt den kleinen Stein und legt ihn vorsichtig auf eure Stirn, etwa knapp oberhalb der Nasenwurzel. Vielleicht spürt ihr jetzt eine kühle Stelle auf eurer Stirn, da wo der Stein liegt.
Wer kann jetzt das kleine Gewicht des Steins auf der Stirn spüren?

Wir überlassen die Kinder eine Zeitlang sich selbst und ihren Gedanken und Gefühlen, bevor wir weitersprechen.

Ihr liegt einfach da, bequem ausgestreckt. Richtet jetzt eure Aufmerksamkeit auf euren Körper. Wie spürt ihr eueren Bauch und euere Brust, wenn der Atem kommt? Und wie, wenn er geht?

Nehmt dann den Stein von eurer Stirn und setzt euch langsam wieder auf. Legt ihn jetzt vor euch auf den Boden und betrachtet ihn noch eine Weile. Ihr könnt jetzt im Kreis herumschauen und beobachten, was die anderen aus der Gruppe machen.

Im Kreis

Der Kreis stellt eines der Grundsymbole der Menschheit dar. Er verweist uns auf den heiligen Bezirk, der für den religiösen Menschen das Göttliche umschließt. Der Kreis ist Symbol für das Ganze, für den Kosmos, für das Vollkommene. In der Psychologie C.G. Jungs ist der Kreis auch ein Symbol für das Ganze des Menschen, für sein Selbst.
Wenn wir mit anderen Menschen im Kreis stehen und uns dabei an den Händen halten, können wir vielleicht etwas spüren von der Bedeutung und von der Kraft, die mit diesem Symbol verbunden sind.
Mit anderen in einem Kreis zu stehen, kann das Gefühl von Gemeinschaft, von Verbundenheit und von gemeinsamer Stärke entstehen lassen.
In einigen von uns kann dieser gemeinsame Kreis aber auch das Bedürfnis wecken, die Gemeinschaft mit den anderen zu verlassen, um ganz allein zu stehen. Für diese mag die Gemeinschaft mit anderen Menschen unvertraut geworden sein und Angst auslösen. Vielleicht aber sehnen sie sich auch nach dem All-eins-Sein, aufgehoben im Ganzen der Welt.

Für diese Meditation wählen wir einen Raum, der es erlaubt, daß die Gruppe einen möglichst großen Kreis bilden kann. Wir bitten die Kinder, sich an den Händen zu fassen und einen Kreis zu bilden.

Versucht zunächst, jeden einzelnen im Kreis anzuschauen und »erwandert« so mit den Augen die Gruppe!
Laßt dann die Hände eurer Nachbarn los und bleibt einfach stehen.
Geht jetzt mit eurer Aufmerksamkeit zu euren Beinen und zu den Füßen.

Wie steht ihr da? Spürt ihr den Boden unter euren Füßen? Seid ihr mit ihm fest verwurzelt, und könnt ihr dabei leicht schwanken?

Nach einer Weile (oder auf ein Zeichen hin) bitten wir die Kinder, langsam zur Mitte zu gehen. Der Kreis wird jetzt kleiner. Nach zwei bis drei Schritten fordern wir die Kinder auf, stehen zu bleiben.

Wie groß ist der Kreis jetzt? Spürt ihr, wie weit eure Nachbarn von euch entfernt sind? Wo stehen sie genau?
Habt ihr noch feste Verbindung mit dem Boden?
Wenn ihr jetzt noch einige kleine Schritte nach vorne geht, könnt ihr mit den Schultern die anderen neben euch berühren.
Der Kreis ist jetzt viel kleiner geworden.
Schließt die Augen und laßt in euch das Bild des Kreises erscheinen.
Richtet dann die Aufmerksamkeit auf eure Schultern und auf den Körperkontakt mit euren Nachbarn.
Könnt ihr auch so den ganzen Kreis erspüren?

Nach einer Weile bitten wir die Kinder, die Augen wieder zu öffnen.

Ihr könnt jetzt langsam wieder einige Schritte zurückgehen und erleben, wie der Kreis größer wird.

Der Kreis.

Ich im Kreis.
Die anderen im Kreis.
Der Raum.

Der Kreis.

Kleine und große Kreise

Zunächst möchten wir die Kinder die Erfahrung des großen, gemeinsamen Kreises machen lassen. Wir bitten sie, sich an den Händen zu fassen und mit ausgebreiteten Armen einen großen Kreis zu bilden.

Wandert jetzt zunächst mit den Augen von einem zum andern und tastet dabei den Kreis ab!
Schließt jetzt die Augen und richtet eure Aufmerksamkeit auf eure Hände und auf die Verbindung mit euren Nachbarn.
Könnt ihr spüren, daß ihr ein Teil des Kreises seid? Vielleicht bemerkt ihr jetzt auch die Wärme der Hände eurer Nachbarn, die Wärme der eigenen Hände, die Wärme des Kreises.
Öffnet nach einer Weile wieder die Augen und schaut. Da ist wieder der Kreis. Dann laßt die Hände eurer Nachbarn los.
Bildet jetzt zu zweit kleine Kreise!
Um einen Partner zu finden, geht zunächst im Raum umher und verständigt euch mit Blicken. Stellt euch dann gegenüber, faßt euch an den Händen, streckt die Arme aus und bildet nun zu zweit einen kleinen Kreis.
Geht jetzt mit eurer Aufmerksamkeit zu euren Händen und zu den Armen.
Wie könnt ihr euch an den Händen fassen, wie die Arme ausbreiten, damit euer Kreis größer oder kleiner wird? Wann kommt ihr zu einem Kreis, der gut für euch beide ist, euch beiden gefällt?
Dann haltet eine Weile inne, schließt die Augen und spürt wieder eure Arme, eure Hände und euren Körper.

So bildet ihr allein einen halben Kreis, verbunden mit den Händen eueres Partners aber einen ganzen.

Wir bitten die Kinder auf ein Zeichen hin (Glocke oder Gong) die Hände ihrer Partner loszulassen, erneut im Raum umherzugehen und mit mehreren Kindern größere Kreise zu bilden. Die Zahl der Kinder, die einen Kreis bilden sollen, geben wir entsprechend der Zahl der Teilnehmer vor.

Kommt noch einmal im großen Kreis zusammen! Faßt euch an den Händen, wandert mit euren Augen den Kreis ab und geht auf ein Zeichen hin wieder auseinander!
Setzt euch nun noch einmal auf den Boden in einem Kreis zusammen. Wer mag, kann jetzt über »seine Kreise« sprechen.

Zum Abschluß dieser Meditation können die Kinder Kreise zeichnen und so ihre Erfahrungen noch auf eine andere Weise zum Ausdruck bringen.

Die Welt in einem Kreis

Die Kinder setzen sich in einem Kreis auf den Boden, im Fersen- oder Schneidersitz. Wir bitten sie, zunächst mit ihrer Aufmerksamkeit zu dem Kreis zu gehen und zu dem Raum, in dem sie sitzen.

Formt jetzt mit dem Daumen und dem Zeigefinger der rechten oder linken Hand einen kleinen Kreis. Je nach Stellung von Daumen und Zeigefinger läßt sich dieser Kreis verändern.
Nachdem ihr verschiedene Stellungen ausprobiert und die Form gefunden habt, die euch gerade am besten gefällt, haltet den Fingerkreis dicht vor eure Augen.
Was könnt ihr durch den Kreis jetzt alles sehen? Den Raum? Welche Teile davon? Seht ihr auch die anderen Teilnehmer?
Dies geht noch besser, wenn ihr nur mit einem Auge durchschaut.
Was geschieht, wenn ihr den Fingerkreis etwas von eurem Gesicht entfernt? Was könnt ihr dann durch diesen Kreis sehen?
Bewegt jetzt eure Hand wieder näher zu eurem Gesicht. Jetzt könnt ihr wieder viel mehr in eurem Fingerkreis sehen. Schließt nun die Augen für eine Weile!
Jetzt betrachtet erneut euren Daumen und den Zeigefinger, die einen Kreis bilden. Schaut diesmal nicht hindurch, sondern richtet eure Aufmerksamkeit auf den Kreis, der von eurem Daumen und vom Zeigefinger gebildet wird. Fahrt jetzt langsam mit euren Augen den Kreis nach. Betrachtet dann nach einigen Runden wieder den ganzen Kreis. Abwechselnd könnt ihr jetzt mit einem Auge durch den Kreis schauen oder mit beiden Augen den Fingerkreis ansehen.

Richtet nach einer Weile eure Aufmerksamkeit wieder auf den Kreis der Gruppe, die am Boden sitzt. Schließt jetzt die Augen.
Was erscheint jetzt in der Ruhe, im Dunkel der geschlossenen Augen?

Klatschen

Die meisten von uns leben heute mit einer Vielzahl von Melodien und Rhythmen. Zumeist werden sie durch Maschinen vermittelt und drängen sich uns uneingeladen auf. Wir brauchen uns auch nicht auf sie vorbereiten; wir müssen zumeist nichts anderes tun, als auf ein paar Knöpfe zu drücken.
Wie ganz anders können wir Musik erfahren, wenn wir selbst ein Instrument spielen. Klänge und Rhythmen erzeugen, können wir am einfachsten, wenn wir in die Hände klatschen. Dies ist eine der elementarsten Formen des Musizierens. Wir benötigen dazu nichts anderes als unseren Körper, als uns selbst. In die Hände klatschen kann uns dazu führen, uns zu wiegen, uns zu drehen, mit den Füßen zu stampfen und zu tanzen. So können in der Gemeinschaft mit anderen vielfältige Rhythmen, Bewegungen und Figuren entstehen.

Wir bitten die Kinder, sich in einen Kreis zu setzen.

Wandert zunächst mit euren Augen von einem Kind zum anderen, bis ihr wieder bei euch seid.
Schließt jetzt die Augen und hört!
Vielleicht dringt Straßenlärm in den Raum, vielleicht könnt ihr auch einen Vogel singen hören, den Atem des Nachbarn oder die Bewegungen der anderen im Kreise.
Geht jetzt zunächst mit eurer Aufmerksamkeit zum eigenen Körper. Wenn ihr ruhig sitzen bleibt und ganz leise seid und auf euren Atem achtet, könnt ihr hören, wie die Luft beim Einatmen kommt und wie sie beim Ausatmen wieder geht.

Nach einer Weile bitten wir die Kinder, gemeinsam in die Hände zu klatschen. Wir geben dazu ein entsprechendes Zeichen. Wenn die Gruppe diese Meditation schon öfter ausgeführt hat, kann sie sich mit Blicken verständigen, wann sie zum ersten Mal bei dieser Übung in die Hände klatschen möchte.

Wie klingt dieses Klatschen? Hört ihr die dunklen, die hellen, die zarten oder die kräftigen Klatscher heraus?
Bleibt jetzt noch eine kurze Weile ohne zu sprechen sitzen und achtet auf die Stille.
Nach einer Weile klatscht ihr wieder in die Hände und wartet erneut.
Zum Abschluß könnt ihr alle ganz fest klatschen, so lange es euch Spaß macht.

Zum besseren Verstehen und zur Einstimmung auf weitere ähnliche Meditationen können folgende Fragen helfen:

Wie habt ihr die Stille zwischen dem Klatschen erlebt?
Was habt ihr dabei gehört?
Wie erlebt ihr jetzt eure Hände, eure Arme, euren Körper?
War es leicht, zwischen dem Klatschen einfach dazusitzen und zu warten?

Diese Meditation läßt sich leicht abwandeln. Die Pausen zwischen dem Klatschen können verlängert oder verkürzt werden. Wir bitten die Kinder, auf ihre Oberschenkel zu klatschen oder mit den Fingerspitzen, mit den Händen, mit den Fäusten auf die Bank oder auf die Stühle zu trommeln.

Stille
und Warten.

Ich klatsche in meine Hände.

Warten
und Stille.

Klänge

Für diese Meditation brauchen wir einen Triangel, eine Trommel und eine Flöte, die Kinder bitten wir, Zeichenpapier und Farbstifte oder farbige Kreide mitzubringen. Sie sitzen in kleinen Gruppen auf dem Boden. Vor ihnen liegen das Zeichenpapier und die Stifte bzw. die Kreide. Diese können von zwei oder drei Teilnehmern jeweils gemeinsam benutzt werden.

Beobachtet zunächst, wie ihr sitzt! Eingeengt oder »hingegossen«, ganz eingesunken?
Sucht euch jetzt eine Stellung, die euren Atem frei fließen läßt und die euch offen und wach macht für das, was ihr jetzt hört. Wenn ihr versucht, eure Sitzknochen zu spüren, wenn ihr euren Rücken aufrichtet, beugt und wieder in die Höhe wachsen laßt, könnt ihr zu einer Haltung kommen, die euch paßt, die gut für euch ist.
Hört jetzt auf den Klang des Triangels, wartet dann eine Weile, bis der Klang sich ausgebreitet hat, und es wieder still geworden ist.

Der Erwachsene schlägt nun einmal kurz an den Triangel.

Wie habt ihr diesen Klang vernommen?
Wie hat er euch berührt?
Versucht jetzt mit dem Stift oder der Kreide den Klang des Triangels zu zeichnen!
Dabei gibt es kein »richtig« oder »falsch«. Was immer beim Zeichnen dieses Klanges, im Nachklingen des Triangels auf eurem Blatt erscheint, ist eben das, was ihr erlebt habt.

Wenn ihr mit dem Zeichnen fertig seid, legt ein neues Blatt vor euch hin und wartet auf den nächsten Klang.

Nach einer Weile schlägt der Erwachsene oder ein Kind aus der Gruppe auf die Trommel. Nachdem der Klang des Trommelschlags sich ganz ausgebreitet hat und es wieder still geworden ist, wird ein zweites und drittes Mal die Trommel geschlagen.
Wie bei der Übung mit dem Triangel werden die Kinder aufgefordert, den Klang der Trommel durch zeichnerisches Gestalten auszudrücken. Wir ermuntern sie, sich bei der Auswahl der Farben, bei der Bewegung der zeichnenden Hand vom Nachklingen des Trommelschlags und von ihren inneren Bewegungen leiten zu lassen.
Wenn noch genügend Konzentration für das Erleben eines dritten Klanges da ist, lassen wir einen einzigen ruhigen Flötenton erklingen und die Kinder dürfen dann noch einmal zeichnen.
Danach werden die verschiedenen Zeichnungen gemeinsam betrachtet und zu einem großen Bild zusammengestellt.

Klänge in der Natur

Wie klingt der Wind?
Wie der Regen?
Wie hören sich die Tropfen an,
wenn sie von der Dachrinne auf den Boden fallen?
Und wie erleben wir das Zwitschern und den Gesang der Vögel?

Die Welt ist Klang.[2] Und noch immer sind es die Klänge, die Musik und die Geräusche in der Natur, die uns besonders bewegen, ansprechen und mitklingen lassen.
Anders als der monotone und oft gewaltsame Lärm von Autos und Maschinen lassen uns die Klänge der Natur erstaunen, zittern, jubeln oder leise werden.

Wir warten einen Tag ab, an dem wir eine gute Gelegenheit haben, Klänge in der Natur zu erleben.
Das kann ein Tag sein, an dem deutlich der Wind zu hören ist, ein Tag, an dem es regnet oder ein Tag zur Zeit der Schneeschmelze, wenn große Wassertropfen vom Dach fallen.
Wir bitten die Kinder, zunächst ihre Aufmerksamkeit auf den entsprechenden Klang zu richten und sich ihm eine Weile zu überlassen.

Achtet einmal darauf, wie ihr die Klänge erlebt.
Vielleicht verspürt ihr Lust, sie nachzuahmen, zu summen, zu trommeln, zu klopfen, zu pfeifen oder zu singen.
Und dann lauschen wir gemeinsam noch einmal.
Was ist jetzt? Und wie sind wir?

Farben

Farben rufen in uns oft recht unterschiedliche Stimmungen und Gefühle hervor. So ruft Orange meist die Empfindungen von Freude, Wärme und Glut hervor. Orange vermag unsere Stimmung aufzuhellen und Zärtlichkeit und Wohlbefinden in uns anzuregen.
Grün erinnert uns an die Natur und an das Wachsen der Pflanzen.
Mit der Farbe Weiß bringen wir oft eine festliche Stimmung in Verbindung. Weiß kann uns aber auch an den Schnee im Winter erinnern.
Braun ist die Rinde der Bäume und Braun ist die Farbe der Erde, die wir auch »Mutter« nennen, wenn wir daran denken, wie sie uns mit ihren Gaben nährt und erhält.
Die Erde, aus der wir nach einem Wort der Bibel geschaffen wurden, ist braun und sie nimmt unseren Leib auf, wenn wir gestorben sind. Braun erinnert uns an Geborgenheit, an die schöpferische Kraft der Erde. Diese Farbe mag mithelfen, uns zu »erden«, Kraft und Vertrauen in uns zu fördern.

Zur Vorbereitung dieser Meditation bitten wir die Kinder, Gegenstände – Früchte, Tücher, Kleider, Bilder – mitzubringen, die deutlich orangefarben sind.
Wir bitten die Kinder, sich in einen Kreis zu setzen. Eines nach dem anderen darf seinen Gegenstand zeigen.

Mögt ihr erzählen, warum ihr diesen Gegenstand mitgebracht habt und wie ihr die Farbe oder die Farben dieses Gegenstandes erlebt?
Vielleicht haben die anderen Kinder Fragen dazu oder möchten sagen, was ihnen selbst zu diesem Gegenstand und seiner Farbe einfällt.

Nachdem alle Kinder auf diese Weise ihren Gegenstand vorgestellt haben, wählt die Gruppe einen Gegenstand mit dem Orangeton aus, der den meisten am besten gefällt. Diese Entscheidung wird durch ein gemeinsames Gespräch vorbereitet.
Der Gegenstand wird dann in die Mitte des Kreises oder an einen anderen Platz getragen, wo ihn alle gut sehen können.

Richtet jetzt zunächst eure Aufmerksamkeit eine Weile auf diesen Gegenstand und auf seine Farbe!
Dann schließt die Augen!
Achtet jetzt auf die Bilder, die in euch aufsteigen!
Wer mag davon berichten?
Vielleicht habt ihr auch Lust, von den Gefühlen zu erzählen, die dabei in euch aufgetaucht sind.

Zum Abschluß lassen wir alle Gegenstände, die mitgebracht worden sind, so in die Mitte des Kreises legen, daß ein Mandala entsteht. So kann die Gruppe die Freude und Wärme der Farbe Orange noch einmal erleben.

Entsprechend der Jahreszeit und dem Erleben und der Stimmung der Gruppe wählen wir für spätere Meditationen andere Farben aus.

Ein Glas Wasser

Wie schmeckt Wasser? Wie ist es, wenn wir nichts anderes tun, als aufmerksam ein Glas Wasser zu trinken?

Zur Vorbereitung dieser meditativen Übung bitten wir die Kinder, ein Glas mitzubringen, aus dem sie Wasser trinken können. Je nach Anzahl der Kinder besorgen wir soviel »stilles« Mineralwasser, daß alle Kinder einige Schlucke trinken können.
Die Kinder setzen sich im Kreis auf den Boden und stellen das mitgebrachte Trinkglas vor sich hin.
Dann wird in die Mitte des Kreises ein großer Krug mit Mineralwasser gestellt.

Wer möchte in den Kreis gehen und das Wasser ausschenken?
Beobachtet genau wie jedes von euch sein Glas hochhält, wenn es an der Reihe ist, wie das Glas mit Wasser gefüllt wird und wie es das Glas wieder vor sich hinstellt.
Wie ist das Warten?
Wie geht es euch, wenn ihr an der Reihe seid?

Wenn alle Kinder im Kreis ein gefülltes Glas vor sich haben, bitten wir sie, eine Weile zu warten und dann mit ihrer Aufmerksamkeit zu ihrem Atem zu gehen.

Schließt jetzt die Augen!

Könnt ihr euch vorstellen, wie es ist, einen Schluck Wasser zu trinken? Vielleicht erinnert ihr euch jetzt daran, wie ihr einmal an einem heißen Sommertag Wasser getrunken habt und wie euch das kühle Wasser erfrischt hat.
Öffnet jetzt die Augen, nehmt das Glas in eure Hand, führt es langsam zum Mund und trinkt einen Schluck.
Wie schmeckt das Wasser?
Könnt ihr spüren, wie es ist, wenn eure Lippen und eure Zunge mit dem Wasser in Berührung kommen?
Wie fühlen sich euer Gaumen und eure Kehle beim Trinken an?
Spürt ihr, wie das Wasser in euren Magen kommt?
Nehmt nach einer kurzen Pause erneut einen Schluck!
Wie ist das jetzt? Schon vertrauter?
Nimmt euer Mund, euer Körper das Wasser jetzt anders, vielleicht deutlicher wahr?

Ihr könnt dann noch so viel Wasser trinken, wie ihr Durst habt, mit großen oder kleinen, mit schnellen oder langsamen Schlucken.
Wer mag, darf zum Abschluß erzählen, wie er die Meditation erlebt hat oder von den Gedanken und Erinnerungen berichten, die ihm dabei gekommen sind.

Wasser

»Nichts ist weicher und nachgiebiger unter dem Himmel als Wasser.
Doch nichts ist besser für das Angreifen des Festen und Starken;
Nichts kommt ihm gleich.
Das Weiche kann das Harte überwinden.
Das Bewegliche kann das Starre überwinden.
Jedermann unter dem Himmel weiß dies,
Doch niemand setzt es in die Tat um.
Daher sagt der Weise:

> Wer die Demütigung des Menschen auf sich nimmt,
> ist fähig, über sie zu herrschen.
> Wer das Unglück des Landes auf sich nimmt,
> verdient es, König über die Welt zu sein.

Oftmals klingt die Wahrheit widersinnig.«[3]

Leben, wie wir es kennen, und Wasser sind eins. Ohne Wasser gibt es kein Leben. Unsere Vergangenheit, unsere Gegenwart und unsere Zukunft sind untrennbar mit dem Wasser verbunden. Dies gilt für uns als einzelne Menschen; dies gilt für alles Lebendige.
Geburt und Erneuerung werden in Mythen, Märchen und in unseren Träumen oft mit Hilfe von Wasser symbolisiert. Der vergiftete Brunnen, der verschmutzte Fluß, das verseuchte Meer bedeuten Bedrohung, Untergang und Tod.
Nach dem Bad in einem klaren See fühlen wir uns wie neu geboren. Wenn wir durstig sind, macht uns ein Glas reines Wasser wieder frisch und lebendig.

Wir bitten die Kinder, für diese Meditation kleine und große Gefäße mitzubringen, in die sie Wasser füllen können. Zusätzlich besorgen wir noch ein möglichst großes Gefäß aus Ton, Porzellan oder Metall und einige Handtücher.

Die Kinder setzen sich um das große Gefäß, das mit klarem, frischem Wasser gefüllt wird. Jedes Kind hat zwei oder mehrere Schüsseln oder Tassen vor sich stehen.
Zunächst darf jedes Kind mit einem kleinen Gefäß Wasser schöpfen, um damit seine eigenen Gefäße zu füllen.

Hört ihr das Gurgeln, Tröpfeln oder Strudeln des Wassers?
Was geschieht mit den Geräuschen, wenn ihr das Wasser schneller oder langsamer oder aus größerer oder geringerer Höhe von einem Gefäß in das andere gießt?
Und wie hört es sich an, wenn ihr jetzt eure Tassen, Becher oder Schalen in das große Gefäß in der Mitte entleert.
Ihr dürft jetzt ausprobieren, wie es ist, wenn ihr das Wasser auf euren Händen oder Armen spürt. Schöpft erneut mit einem kleinen Gefäß Wasser, und gießt es vorsichtig über eine Hand oder den Unterarm, die ihr über ein größeres Gefäß haltet.
Wie fühlen sich die Stellen auf eurem Körper an, auf die das Wasser tropft?
Vielleicht spürt ihr dabei den Wunsch, den Arm oder die Hand zurückzuziehen? Welche Gefühle tauchen auf, wenn ihr diesem Wunsch nachgebt?
Wie kühl und erfrischend Wasser sein kann, erlebt ihr besonders deutlich, wenn ihr eure Hand kurz in das Wasser taucht, um dann mit ihr über euer Gesicht zu streichen.
Ihr könnt dabei auch vorsichtig mit den nassen Fingerspitzen auf eure Wangen und auf eure geschlossenen Augenlider klopfen.
Bleibt jetzt noch eine Weile sitzen!
Wie fühlen sich nun euer Gesicht und eure Hände an?

Zum Schluß dürfen einige oder alle Kinder das Wassergefäß aus der Mitte ins Freie tragen und das Wasser auf die Erde fließen lassen.

Mein Gesicht

Wie selten bergen wir unser Gesicht in unseren Händen. Wie groß ist unsere Scheu, uns achtsam und liebevoll zu berühren! Noch immer ist in vielen Menschen die Erinnerung an Schläge ins Gesicht wach. Noch immer können wir beobachten, wie kleine Kinder – auch in der Öffentlichkeit – mit Schlägen ins Gesicht oder auf den Kopf gedemütigt werden.
Wie selten erleben Kinder, daß ihr Kopf liebevoll gehalten wird, daß ihr Gesicht gestreichelt wird. Wie viel seltener noch erfahren Jugendliche und Erwachsene heute eine solch achtsame und liebevolle Berührung!
Und wie groß ist die Sehnsucht der Menschen nach einer solch tiefen Begegnung mit einem anderen!
Das Gesicht in den eigenen Händen bergen, mit den Fingern und der Innenfläche unserer Hände den Formen unseres Gesichtes nachspüren, kann uns zu einem überaus lebendigen »Gewahrwerden« unserer Person und unseres ganzen Körpers führen. Wenn wir dabei unsere Augen schließen, erfahren wir in dieser Dunkelheit auch Schutz und Geborgenheit. Es ist, als ob wir in dieser Haltung unserem Inneren, unserer Seele ein Stück näher kommen würden.

Wir bitten die Kinder, sich zunächst auf Stühle in einen Kreis zu setzen.

Rückt jetzt zur Vorderkante der Sitzfläche, so daß eure Oberschenkel nur noch wenig gestützt werden!
Euer Gewicht wird jetzt von den Unterschenkeln und den Füßen aufgenommen und dem Boden überlassen. Laßt eure Füße ruhig, etwas voneinander entfernt auf dem Boden ruhen.

Wenn ihr nun noch eure Hände in den Schoß legt und eure Wirbelsäule aufrichtet, sitzt ihr gerade und frei da. Euer Bauch hat jetzt auch genug Platz, den einströmenden Atem bequem aufzunehmen – vorausgesetzt, ihr habt ihn nicht durch eine zu enge Hose oder durch einen zu engen Rock eingeschnürt.

Bleibt jetzt einige Atemzüge lang sitzen und macht nichts anderes als die Bewegungen eures Körpers beim Ein- und Ausatmen zu beobachten.

Dann schließt die Augen und bedeckt mit euren Händen euer Gesicht.

Wie fühlt sich euer Gesicht an?

Ist es warm? Wärmer als die Hände?

Vielleicht fühlt es sich aber auch kühl und frisch an, wenn eure Hände wärmer sind.

Wie liegen eure Hände auf? Eher vorsichtig, scheu, oder bergen sie das Gesicht und halten es?

Wie ist es, wenn ihr den Druck verändert?

Findet heraus, wie es gut für euch ist!

Nehmt nach einer Weile die Hände wieder von eurem Gesicht und öffnet die Augen. Wer mag, kann sich jetzt drehen und strecken, gähnen oder die Augen reiben.

Dann schaut in die Runde.

Wie erlebt ihr jetzt die anderen? Und wie erlebt ihr euch selbst?

Licht

Wie lebendig uns die Flamme einer Kerze erscheinen kann!
Ihr warmer und gelber Schein berührt uns viel mehr als das gleichmäßige Licht der elektrischen Lampen.

Wir bitten die Kinder, für diese Meditation eine kleine Kerze und einen Kerzenständer mitzubringen. Außerdem wird für die Gruppe noch eine größere Kerze mit einem passenden Ständer benötigt. Jedes Kind soll eine Decke oder ein Kissen mitbringen, damit es sich auf den Boden setzen kann.

Setzt euch jetzt zunächst mit euren Decken oder Kissen in einem Kreis auf den Boden!
Eure Kerzen stellt ihr vor euch hin!
Geht jetzt mit eurer Aufmerksamkeit zu eurem Atem und zu den Bewegungen eures Bauches.
Dabei könnt ihr auch spüren, ob ihr in der richtigen Haltung sitzt. Wenn euer Bauch und eure Brust nicht eingeengt sind und die Wirbelsäule euren Körper und den Kopf aufrecht trägt, dann kann auch euer Atem frei fließen. Ihr habt dann eine anmutige Haltung beim Sitzen.
Nun stellen wir die große Kerze in die Mitte des Kreises und zünden sie an. Mit einer kleineren Kerze wird dieses Licht an ein Kind weitergegeben. Dann bitten wir die Kinder, das Kerzenlicht von einem zum anderen gehen zu lassen, bis jedes Kind in der Runde eine brennende Kerze vor sich stehen hat.

Macht jetzt nichts anderes, als in die Kerzenflamme zu schauen.
Wenn ihr genau beobachtet, könnt ihr recht verschiedene Bewegungen der Kerzenflamme erkennen. Manchmal wächst sie ein wenig in die Höhe, dann wird sie wieder kleiner oder bewegt sich ein wenig nach rechts oder nach links.
Wie ist es, wenn ihr nicht nur die Flamme beobachtet, sondern mit eurer Aufmerksamkeit auch zu eurem Atem geht?
Schließt nun die Augen! Vielleicht könnt ihr jetzt euren Atem noch deutlicher spüren.
Dann öffnet die Augen wieder! Da ist sie wieder, eure Kerze.
Und da ist wie immer euer Atem: Er kommt und geht, hält eine Weile inne und kommt und geht dann wieder.
Bleibt jetzt noch eine Weile im Kreis sitzen, beobachtet euren Atem und eure Kerze oder wandert zwischen beiden hin und her, wie ihr gerade Lust habt.

Jeder darf für sich entscheiden, wie lange er im Kreis bleiben mag.
Bevor ihr den Kreis verlaßt, löscht eure Kerze aus, steht dann auf und wartet draußen, außerhalb des Kreises, bis alle soweit sind.

Wer löscht die Kerze in der Mitte aus?

Riechen

Jeder Raum hat seinen eigenen Geruch. Draußen, im Freien, riecht es anders als in der Wohnung, im Frühling anders als im Herbst oder im Winter. Viele Erlebnisse, an die wir uns erinnern können, sind mit besonderen Gerüchen verbunden. Nicht selten kommt es vor, daß wir uns bei einem bestimmten Geruch in die Kindheit zurückversetzt fühlen. Gerüche können in uns Kindheitserlebnisse und Stimmungen und Gefühle von damals wachrufen.
Wenn wir die Gerüche in unserer Umgebung offen und wach aufnehmen, werden wir nicht nur spüren, welcher Geruch, welcher Duft uns angenehm oder unangenehm erscheint. Wir werden auch beobachten, daß Gerüche in uns ganz unterschiedliche Gefühle hervorrufen können: Freude, Trauer, Sehnsucht oder Schmerz. Ja, es ist möglich, daß wir die Atmosphäre, die Bedeutung oder den Sinn einer Situation mit Hilfe eines bestimmten Geruches oder Duftes erfahren oder erkennen können.

Für diese Meditation bringen wir einen Apfel und einige Fläschchen Duftöle mit, etwa Pfefferminz, Zitrone, Lavendel oder Moschus.
Die Kinder sitzen zunächst in einem Kreis auf dem Boden.

Geht jetzt mit eurer Aufmerksamkeit zunächst zu dem Geruch des Raumes, in dem wir hier sitzen!
Ist er euch vertraut, angenehm oder unangenehm?
Ruft er in euch bestimmte Erinnerungen, Gedanken oder Gefühle hervor?
Wer mag, darf den anderen davon erzählen.
Achtet jetzt wieder auf euren Atem und auf die Atembewegungen eures Körpers!

Was macht euer Bauch und eure Brust beim Einatmen?
Beim Einatmen könnt ihr zugleich das Einströmen der Luft spüren und den Geruch des Raumes.
Vielleicht spürt ihr auch, wie eure Nasenflügel sich bewegen, wenn ihr auf diese Weise den Geruch des Raumes aufnehmt.
Wie riecht ein Apfel?
Laßt jetzt den Apfel, den ich euch mitgebracht habe, von einem zum anderen wandern.
Wenn ihr ihn von eurem Nachbarn erhalten habt, könnt ihr ihn genau betrachten und ertasten, ihn von einer Hand in die andere rollen lassen, um ihn dann in Ruhe in beiden Händen zu halten.
Führt dann den Apfel ganz nahe an eure Nase heran und nehmt seinen Duft mit einem vollen Atemzug auf.
Wie riecht unser Apfel?
Wenn ihr seinen Geruch lange genug erfahren habt, gebt ihr ihn weiter!
Nachdem jeder den Apfel in den Händen gehalten und seinen Geruch aufgenommen hat, legt ihr ihn wieder in die Mitte des Kreises.
Bleibt jetzt noch eine Weile ruhig sitzen.

Außerhalb des Kreises stellen wir auf einem kleinen Tisch die Fläschchen mit den Duftölen auf.

Wer mag herausfinden, wie die einzelnen Öle riechen?
Laßt ein bißchen Öl auf die Außenfläche eurer Hand tropfen und riecht daran.
Welches Öl riecht am besten?
Woran werdet ihr dabei erinnert?
Setzt euch zum Abschluß noch einmal in den Kreis.
Wer mag erzählen, wie es ihm bei dieser Übung ergangen ist oder welche Gefühle, welche Erinnerungen er dabei erlebt hat?

Stille

Wie schwer fällt es uns, einfach nichts zu machen, einfach still zu sein.
Stille.
Was ist das eigentlich?
An den Lärm von draußen haben sich viele von uns schon gewöhnt. Wir finden ihn scheinbar nicht mehr lästig oder störend, obwohl er uns grob machen und unsere Achtsamkeit einschränken kann.
Wieviele Menschen leben heute noch in einer Gegend, über die kein Düsenjäger oder Verkehrsflugzeug hinwegbraust? Wer wohnt nicht in der Nähe einer größeren Straße mit einem Autoverkehr, der tagsüber kaum noch Stille zuläßt?
Diese Unrast von draußen verstärken wir noch durch Musik aus dem Radio, vom Plattenspieler oder von unseren Kassettenrekordern. Nicht wenige von uns sind abhängig geworden vom Dauergeräusch des Fernsehens oder des Radios.
Vielleicht meinen wir aber auch, wir könnten uns damit vor den maschinellen Geräuschen schützen, die uns uneingeladen, aber dafür um so aufdringlicher von draußen bedrohen. Daß wir kaum noch Stille zulassen können, mag aber auch damit zu tun haben, daß wir mit unseren Gedanken, unseren Gefühlen, unseren Impulsen aus unserem Inneren nur noch selten allein sein können.

Wer Angst vor dem Innen verspürt, kann Stille und Ruhe nicht mehr mit Freude empfangen. Er wird vor ihnen fliehen, sie übertönen, bekämpfen.
Wenn wir uns der Stille ganz öffnen könnten, welche Freude, welche Freiheit würden wir dann erleben! Vielleicht gelänge es uns dann auch, etwas von unserer Unrast aufzugeben! Wir würden dann erfahren, was es heißt, nicht mehr eilen, nicht mehr streben zu müssen.

Stille können wir besonders deutlich erfahren, nachdem wir uns bewegt haben oder ganz laut gewesen sind.

Wir wählen für diese Meditation einen Raum, der so groß ist, daß alle Kinder genug Platz haben, um sich frei bewegen zu können. Zum Sitzen auf dem Boden bitten wir die Kinder, Decken oder Kissen mitzubringen. Diese werden zunächst in eine Ecke gelegt.
Den Raum betreten wir alle barfüßig oder mit Socken.

Stellt euch zunächst in einem Kreis auf! Wählt den Abstand zu euren Nachbarn so groß, daß ihr sie auch mit ausgebreiteten Armen nicht stören könnt.
Betrachtet zunächst, wie ihr steht!
Spürt ihr den Boden unter euren Füßen?
Steht ihr fest und bequem da?
Wie fließt euer Atem?
Wenn ihr euch in eurem Bauch nicht so recht niederlassen könnt, liegt es vielleicht daran, daß ihr eine zu enge Hose oder einen zu engen Rock tragt. Wenn ihr den obersten Knopf eurer Hose aufmacht oder euren Gürtel etwas weiter einstellt, helft ihr eurem Atem, ohne größere Mühe in euren Bauch zu fließen.
Federt jetzt mit Hilfe der Füße vom Boden in die Höhe. Verlagert dazu euer Gewicht zunächst nach vorne auf die Zehenballen und entlastet eure Fersen. Wenn ihr jetzt mit euren Fersen noch weiter in die Höhe geht und sie dann wieder mit geringem Gewicht auf dem Boden aufsetzt, gelangt ihr zu einer federnden Bewegung eures ganzen Körpers.
Je stärker ihr die Zehenballen belastet und je deutlicher eure Fersen in

die Höhe steigen, desto stärker wird die Bewegung eures ganzen Körpers.
Wo spürt ihr sie überall?
Wandert mit eurer Aufmerksamkeit durch euren Körper, von den Zehen bis zu eurem Gesicht.
Wer mag, kann dieses Federn nach einiger Zeit in ein Hüpfen und Springen übergehen lassen. Wenn ihr spürt, daß ihr außer Atem geratet, haltet inne. Ihr könnt dann noch die Hände ausschütteln und die Arme weit ausbreiten.
Holt euch jetzt eure Decken und Kissen und sucht euch einen Platz im Raum, der euch gefällt, und an dem ihr euch ungestört hinsetzen könnt.

Schließt jetzt eure Augen!
Vielleicht spürt ihr nach dem Federn und Springen, daß euer Atem und euer Puls schneller gehen als sonst.
Beobachtet euren Atem noch eine Weile und bleibt dann einfach ruhig sitzen. Mit der Zeit wird es im Raum stiller werden.
Wenn ihr Geräusche hört, nehmt sie einfach auf!
Gedanken, die euch kommen, könnt ihr anschauen und dann ruhig weiterziehen lassen.
Ich werde euch nach einer Weile ein Zeichen geben, dann könnt ihr euch strecken und dehnen, aus der Ruhe herauskommen und wieder aufstehen.

Atmen und Beten

Beim Beten können wir erfahren, daß wir nicht getrennt sind von der uns umgebenden Natur und nicht getrennt vom Kosmos oder vom Göttlichen. In dieser Erfahrung kann die Sorge um unsere Person kleiner werden und unser stolzes Streben nach »mehr und besser« und nach Vollkommenheit kann dann nachlassen.
Für viele von uns ist Beten mit dem Erlebnis einer »kalten« oder »dumpfen« Kirche verbunden und mit Texten, die uns fremd, unverständlich oder einfach antiquiert erscheinen.
Beten im Rahmen einer verwalteten und verwaltenden Kirche, einer Kirche, die das Hier und Jetzt geringschätzt, die das Körperliche und Sinnliche zurückdrängt und entwertet und in deren Hintergrund ein strafender, jenseitiger Gott thront, lehnen viele als sinnentleerte Übung ab. Ein solches Beten kennt kaum liebevolle Lebendigkeit und verhindert die Erfahrung des Über-sich-hinaus- Seins.

Die folgende Meditation verzichtet auf einen Text oder eine herkömmliche Gebetsformel. Im Mittelpunkt stehen die Haltungen des Betens und des Atmens. Vielleicht spüren wir in der Verbindung beider unser Verbundensein mit allem um uns herum, mit dem Göttlichen. Vielleicht erfahren wir dabei auch eine bedingungslose Bejahung unserer eigenen Person und der Welt, so wie sie ist.
Wir bitten die Kinder zunächst, sich in einem Kreis auf den Boden zu setzen. In die Mitte des Kreises stellen wir eine Vase mit einem Zweig oder mit einem Strauß Blumen.
Macht den Kreis so groß, daß ihr eure Arme ausbreiten könnt, ohne eure Nachbarn zu berühren.

Dann setzt euch so hin, daß euer Bauch nicht eingeengt ist und daß eure Wirbelsäule euren Oberkörper aufrichten kann.[4]
Beobachtet zunächst einmal, wie ihr dasitzt; geht dann mit eurer Aufmerksamkeit zu eurem Atem.
Legt jetzt eure Hände in Brusthöhe aneinander, so wie ihr es vom Beten her kennt.
Schließt eure Augen und geht noch einmal mit eurer Aufmerksamkeit zu eurem Atem. Vielleicht könnt ihr jetzt die Bewegungen eures Brustkorbs beim Ein- und Ausatmen deutlicher spüren.
Bleibt nun eine Weile sitzen und macht nichts anderes, als euren Atem und die Haltung eurer Hände zu beobachten.
Gedanken, die in euch aufkommen, Gebetsformeln, die vielleicht erscheinen, könnt ihr in Ruhe beobachten und dann weiterziehen lassen. Dies wird euch leichter fallen, wenn ihr mit eurer Aufmerksamkeit immer wieder zu eurem Atem geht und wenn ihr beobachtet, wie ihr dasitzt.
Nehmt jetzt die Hände auseinander, breitet die Arme aus und führt sie wie in einem Kreis nach oben. In Stirnhöhe sollen sich eure Hände wieder treffen. Dann führt ihr sie wieder zurück vor eure Brust.
Diese Bewegung soll jeder einige Male wiederholen, jeder in einem Rhythmus, der ihm gut erscheint.
Wenn ihr jetzt noch auf euren Atem achtet, könnt ihr spüren, daß er leichter kommt, wenn ihr beim Einatmen die Arme ausbreitet.
Wenn sich dann eure Hände wieder treffen und zu eurer Brust herunterwandern, beginnt ihr auszuatmen.
In der »stillen Haltung« der aneinandergelegten Hände atmet ihr weiter aus. Haltet dann für eine Weile inne, bis der Atem erneut kommt und ihr die Arme wieder ausbreitet.

Die Dauer dieser Meditation wird von der Sammlung und der Bereitschaft der Kinder bestimmt. Wenn eine Gruppe zum ersten Mal auf diese Weise meditiert, können vielleicht schon drei Minuten genug sein. Später kann es gut sein, bis zu einer Viertelstunde auf diese Weise zu atmen und zu beten. Mit einem Zeichen (Gong, Flötenton oder Klatschen) geben wir das Ende dieser Meditation an.

Bleibt jetzt noch eine Weile still in der Haltung des Betens sitzen und verneigt euch dann mit aneinandergelegten Händen! Könnt ihr dabei mit eurer Stirnfläche den Boden berühren, ohne euch besonders anzustrengen?
Steht dann langsam wieder auf und verlaßt den Kreis.

Welch ein Baum

Wir gehen mit den Kindern ins Freie, in einen Park oder in einen Wald.

Laßt uns heute einmal ganz nahe einen Baum betrachten, laßt ihn uns fühlen, berühren, streicheln, riechen!
Jeder von euch darf sich zunächst einen Baum aussuchen, der ihm gut gefällt, von dem er sich angezogen fühlt oder der ihm gleich auffällt.
Wenn ihr euch ihm langsam nähert, spürt ihr vielleicht, wie euer Baum euch anzieht. Vielleicht werdet ihr dabei auch offen und bereit, euren Baum näher zu betrachten, ihn besser kennenzulernen.
Ertastet zunächst mit den Händen seine Rinde. Wie fühlt sie sich an?
Ist sie glatt und fest oder rissig oder rauh?
Wie spürt ihr dabei eure Hände und eure Finger?
Schmiegen sie sich an den Stamm, schon vertraut?
Oder erkunden sie zunächst vorsichtig die Rinde des Baumes?
Den Umfang, die Stärke eures Baumes könnt ihr erfahren, wenn ihr mit euren Händen immer weiter um den Stamm herumgreift. Mit weiten, offenen Armen könnt ihr vielleicht seinen ganzen Umfang erfahren.
Wie ist es, wenn ihr mit eurem ganzen Körper den Baum umarmt, euren Bauch, eure Brust, euer Gesicht an seinen Stamm lehnt, euch anschmiegt?
Wenn ihr mit eurer Nase ganz nah an den Stamm eures Baumes herangeht, könnt ihr auch den Geruch seiner Rinde aufnehmen.
Löst dann wieder behutsam die Umarmung.
Ihr könnt jetzt einige Schritte zurücktreten und mit euren Augen langsam zur Krone eures Baumes hinaufwandern.

Vielleicht fährt gerade der Wind durch seine Blätter oder Zweige? Vielleicht könnt ihr auch den Himmel oder die Wolken durch seine Blätter sehen.
Was spürt ihr, wenn ihr euren Kopf zurücklegt?

Wir treffen uns dann noch einmal alle zusammen in einem Kreis.
Wie habt ihr euren Baum erlebt?
Hat er euch etwas gesagt? Habt ihr ihm etwas gesagt?

Am gleichen Tag oder später lassen wir die Kinder im Freien oder im Gruppenraum ihren Baum malen oder auf eine andere Weise darstellen.

Ein Baum in unserem Kreis

Wir gehen ins Freie und suchen uns einen großen und kräftigen Baum aus. Dabei dürfen alle Kinder mitentscheiden. Dann stellen wir uns um den Baum herum.

Wandert zunächst mit euren Augen vom Boden über die Wurzel und den Stamm des Baumes zu einzelnen Ästen und zur Krone hinauf.
Was fällt euch dabei besonders auf?
Wenn ihr bis ganz oben zum Wipfel des Baumes schauen wollt, braucht ihr nur den Kopf in den Nacken zu legen und euren Oberkörper zurückzulehnen. Wenn ihr euch dabei mit den Händen in den Hüften abstützt, könnt ihr besser im Gleichgewicht bleiben.
Betrachtet dann noch einmal die Wurzeln unseres Baumes. Einige liegen vielleicht so nahe an der Oberfläche, daß man ihre Stärke und ihre Richtung erkennen kann.
Unser Baum hat gewiß viele und starke Wurzeln, so daß Wind und Sturm ihn nicht umwerfen oder umstürzen können. Anders ist es, wenn ein Baum alt oder krank geworden ist. Dann sind viele seiner Wurzeln abgestorben und können ihm keinen Halt mehr geben.
Verfolgt jetzt, wie der Baum weiter wächst.
Aus den Wurzeln heraus erhebt sich sein Stamm bis zur Krone und seinen vielen Ästen. Aber auch am Stamm weiter unten lassen sich bei manchen Bäumen schon Äste beobachten. So ist es zumeist bei Bäumen, die einzeln stehen und viel Licht bekommen.
Bei einem Nadelbaum sind Stamm, Äste und Krone ganz anders. Gemeinsam aber ist den Bäumen die feste Verankerung mit ihren

Wurzeln im Boden und der in die Höhe strebende Stamm mit den Ästen und der Krone oder der Spitze.
Wenn ihr jetzt eure Augen schließt, könnt ihr das Bild unseres Baumes noch einmal in euch erscheinen lassen. Versucht nun dieses Bild und eure Erfahrungen mit diesem Baum mit dem eigenen Körper darzustellen!
Beginnt bei den Füßen!
Wie steht ihr da?
Fest verbunden mit dem Boden, so wie der Baum im Erdreich mit seinen vielen Wurzeln?
Wenn ihr die Füße nicht eng aneinanderstellt, sondern etwas Platz dazwischen laßt, wie ändert sich euere Standfestigkeit?
Welche Gefühle habt ihr dabei?
Wandert nun mit eurer Aufmerksamkeit höher, zu euren Knien, zu den Oberschenkeln und zum Gesäß.
Wie verändert sich euer Stehen, wenn ihr die Knie durchdrückt? Mit lockeren, nicht durchgedrückten Knien werden die meisten von euch beweglicher und doch fester verbunden mit dem Boden sein. Die freie und stolze Höhe des Stammes könnt ihr besonders deutlich nachempfinden, wenn ihr eure Wirbelsäule und euren Rücken aufrichtet. Die Schultern könnt ihr dabei locker hängen lassen und auch euer Bauch darf entspannt und frei bleiben. Bleibt nun eine Weile so stehen. Dabei könnt ihr mit eurer Aufmerksamkeit zwischen der Beobachtung des Baumes und der Wahrnehmung eures Körpers hin- und herwandern.

Zum Schluß fassen wir uns an den Händen. Unser Baum steht in der Mitte unseres Kreises.
Wer hat Lust, um unseren Baum zu springen, zu hüpfen und zu tanzen?

In meiner Höhle

Eine Höhle bauen! Wer kann sich daran nicht erinnern? – Schutz vor dem bedrohlichen Draußen suchen, im Dunkeln geborgen sein.
Die Höhle kann uns aber auch das Alleinsein spüren lassen, die Begegnung mit den eigenen Ängsten, Wünschen und Hoffnungen. Den Rückzug zu wählen, die Begegnung mit dem Inneren, mit der eigenen Seele zu suchen, auch dazu lädt uns die Höhle ein.
Die Haut zwischen dem Innen und dem Außen, die schützende Hülle, aber auch die Wand und der Panzer, die uns trennen von den Menschen draußen, sind Bilder, die in uns erscheinen können, wenn wir an eine Höhle denken. Vielleicht kommen uns aber auch Gedanken zur eigenen Haut.
Unter Tischen und Stühlen, mit Decken, im Gartenhäuschen, unter Hecken und im Schneehaufen haben wir als Kinder unsere Höhlen gebaut und gegraben. So machen es Kinder auch heute noch.
Am besten aber kennen wir uns aus mit Höhlen, die wir uns unter der Bettdecke »gegraben« haben.
Warm und dunkel erlebten und erleben wir sie. Wie in einem heimlichen, geschützten Bezirk konnten wir für eine Zeit in diesen Höhlen leben, oft begleitet von einem Buch und vom Schein einer Taschenlampe.

Zur Vorbereitung sagen wir den Kindern, daß sie mit Decken eine Höhle bauen dürfen. Wir bitten sie, Decken mitzubringen, die sie dazu für besonders gut geeignet halten.

Setzt euch in einen Kreis und breitet eure Decken aus. Vielleicht wollt ihr sie den anderen Kindern zeigen und erzählen, was ihr schon in Höhlen erlebt habt.

Wie könnt ihr jetzt in diesem Raum mit euren Decken eine Höhle bauen?
Die einfachste Art ist, wenn ihr euch unter einer Decke auf den Boden setzt. Ihr könnt aber auch zwei, drei oder noch mehr Stühle zusammenstellen und mehrere Decken über die Stuhllehnen legen und so eine größere Höhle bauen.
In eine kleine Höhle könnt ihr schlüpfen, wenn ihr eine Decke über einen Stuhl legt und unter den Sitz des Stuhles kriecht.
Jeder kann sich jetzt für »seine« Höhle entscheiden. Wenn ihr mit dem Bauen fertig seid, kriecht in die Höhle hinein, allein, zu zweit oder zu dritt; so wie es euch gefällt und je nach der Größe eurer Höhle.
Wie fühlt ihr euch jetzt in der dunklen Höhle?
Könnt ihr schon etwas erkennen in der Dunkelheit?
Hört ihr die Geräusche, die ihr selbst verursacht mit euren kleinen Bewegungen oder mit eurem Atem? Welche Geräusche von draußen reichen noch in eure Höhle?
Bleibt dann einfach eine Weile in euren Höhlen sitzen.

Kommt dann wieder heraus, setzt euch in einen Kreis und erzählt von euch und eurer Höhle.
Wer mag seine Höhle zeichnen oder malen?

Unter einem Dach

Wer erinnert sich noch an die Höhlen, die wir gebaut haben?
Einige eurer Höhlen haben eher wie kleine Zelte ausgesehen.
Wie wäre es, wenn ihr heute ein großes Zelt baut, in das alle hineinpassen?
Wie könnten wir das anfangen?

Eine Möglichkeit, ein Zelt für die ganze Gruppe zu bauen, besteht darin, mit Schnüren gegenüberliegende Stühle zu verbinden und darauf Decken zu legen. Die Schnüre werden dabei an den Stuhllehnen befestigt.

Probiert jetzt aus, wie es ist, wenn ihr die Schnüre fester spannt.
Vielleicht ist euch auch schon eingefallen, daß ihr ein größeres Zelt bauen könnt, wenn ihr die Stühle auf Tische stellt.
Wenn ihr fertig seid, geht um das Zelt herum und schaut es euch genau an. Ist es gut so? Oder wollt ihr an der einen oder anderen Stelle noch etwas ändern?
Wenn ihr Lust habt, dann könnt ihr jetzt ins Zelt krabbeln oder schlüpfen.
Setzt euch auf den Boden. Was könnt ihr jetzt noch sehen? Wie geht es euch in der Dunkelheit des großen Zeltes? Langsam wird sich der Eindruck vom Zelt verändern. Dauert es lange, bis ihr wieder etwas sehen könnt, zum Beispiel die anderen Kinder, die Zeltwände und das Zeltdach?

Setzt euch jetzt in einen Kreis!
Vielleicht spürt ihr nun noch deutlicher, daß ihr in einem Zelt sitzt, das ihr gemeinsam gebaut habt.
Bleibt jetzt einfach eine Weile so sitzen!
Wenn jemandem eine Geschichte einfällt, kann er sie gerne erzählen.
Vielleicht mag jemand auch berichten, wie es ihm gerade geht.
Wie wäre es, wenn wir gemeinsam ein Lied singen oder einfach summen?

Wenn alle Kinder das Zelt verlassen haben, bitten wir sie, es noch einmal zu umrunden und es dann behutsam abzubauen.

Klopfen

Wenn wir gesund sind und uns gut fühlen, erleben wir unsere Arme und Beine, unseren Herzschlag und den Atem als ganz selbstverständlich. Erst wenn wir müde, krank oder verletzt sind und Schmerzen haben, nehmen wir die betroffenen Stellen unseres Körpers besonders wahr.
Wir können unsere Aufmerksamkeit aber auch gezielt auf unsere Arme und Beine, auf unseren Bauch oder auch auf unseren Atem und unseren Herzschlag richten und diese dann deutlicher spüren.
Die folgenden Übungen helfen uns, unser Körperbewußtsein zu vertiefen. Sie lassen uns frischer werden, wenn wir müde sind, und bringen uns wieder in eine lebendigere Verbindung mit unserem Körper. Vielleicht helfen sie uns auch, jene Stellen unseres Körpers wieder liebevoller anzunehmen, die wir ablehnen, die uns Sorge bereiten, oder die wir als krank erleben.

Bei der folgenden Übung klopfen die Kinder mit einer Hand oder mit beiden Händen auf verschiedene Bereiche ihres Körpers. Am einfachsten ist es, wenn sie mit dem Klopfen der Arme beginnen. Sie setzen sich dazu auf Decken oder Kissen in einem Kreis auf den Boden.

Habt ihr genügend Platz, daß ihr die Arme ausbreiten könnt, ohne eure Nachbarn zu berühren?
Richtet jetzt eure Aufmerksamkeit zunächst auf eure Sitzhaltung! Nehmt eine Haltung ein, bei der euer Rücken gerade in die Höhe ragt

und bei der euer Kopf frei von der Wirbelsäule getragen wird. Gut eignet sich dafür der Schneider- oder der Fersensitz. Wenn ihr beweglich genug seid, setzt euch im Lotos- oder Halblotossitz hin.
Hebt jetzt zunächst euren linken Arm und haltet ihn leicht abgewinkelt vor euch hin, nicht ganz in Schulterhöhe. Die linke Hand laßt ihr entspannt herunterhängen. Mit der rechten Hand klopft ihr nun auf den linken Arm, mit der Hand beginnend bis zur Höhe der Schulter.
Probiert aus, wie es ist, wenn ihr vorsichtig und dann fester auf euren Arm klopft.
Könnt ihr spüren, wie sich dabei eure rechte Hand anfühlt?
Wie ist es, wenn ihr mit einzelnen Fingern klopft, wie, wenn ihr mit der ganzen Hand klopft?
Klopft ihr den ganzen Arm ab oder vielleicht nur die obere Seite des Armes?
Versucht jetzt, an den ganzen Arm zu denken und auch die Unterseite des Armes zu klopfen!
Wenn ihr bei den Schultern angelangt seid, beginnt ihr wieder bei der Hand.
Nachdem ihr etwa zwei- bis dreimal den ganzen Arm auf diese Weise geklopft habt, haltet inne.
Wie fühlt sich dieser Arm jetzt an?
Spürt ihr einen Unterschied zwischen dem rechten und dem linken Arm?
Wie fühlt sich eure rechte Hand an, wie eure linke?
Nach einer kurzen Pause beginnt ihr auf die gleiche Weise den rechten Arm zu klopfen.

Diese Übung kann fortgesetzt werden, indem auch die beiden Beine geklopft werden.

Bei jüngeren Kindern oder bei geringer Konzentrationsfähigkeit der Gruppe sollte diese Übung zu einem späteren Zeitpunkt oder an einem anderen Tag vorgeschlagen werden.

Setzt euch bitte wieder in einem Kreis auf den Boden und legt ein Bein abgewinkelt auf den Boden mit der Fußsohle zum Körper.
Stellt dann das andere Bein mit leicht gebeugtem Knie gerade vor euch hin. Hebt es ein klein wenig in die Höhe und klopft es mit beiden Händen von der Fußspitze bis zu eurem Gesäß.
Versucht dabei die beiden Hände so zu halten, daß sie den Fuß, den Unterschenkel, das Knie und den Oberschenkel beim Klopfen umschließen. Wenn ihr zwei- bis dreimal ein Bein auf diese Weise geklopft habt, setzt es wieder auf den Boden.
Erlebt ihr jetzt eure Beine unterschiedlich?
Wie fühlt sich das geklopfte Bein an?
Nach einer kurzen Pause könnt ihr auf diese Weise auch das andere Bein klopfen.

Ein anderes Mal können die Kinder ihren Brustkorb oder ihren Bauch klopfen. Damit sie auch ihren Rücken auf diese Weise spüren können, bitten wir sie, in Zweiergruppen zusammenzugehen. Der passive Partner stellt oder setzt sich auf einen Stuhl, der andere stellt sich dahinter und klopft mit beiden Händen den Rücken seines Partners von den Schultern beginnend bis zum Gesäß. Die Wirbelsäule wird dabei ausgelassen.

Meine Füße

Meine Füße!
Sie sind dem Boden am nächsten. Barfuß spüre ich die kühle Erde oder den harten Asphalt auf der Straße. Dem schlammigen oder weichen Grund prägen sich meine Füße leicht ein. Dann spüre ich die feuchte und weiche Erde zwischen meinen Zehen.
Am Strand nehmen sie die Wärme des Sandes auf und geben sie weiter nach oben zu den Beinen, manchmal bis zum Bauch.
Und wenn ich vorsichtig ins Wasser gehe, sagen sie mir gleich: »Heute ist es aber kalt!« oder aber auch: »Wie warm das Wasser schon ist!«
Meine Füße!
Wie fern sie mir oft sind. Eingezwängt in Schuhe, selten berührt, nach dem Waschen ganz schnell abgetrocknet und gleich wieder auf die Erde gestellt.
Meine Füße!
Was kann ich an ihnen nicht alles entdecken, erspüren und mit ihnen fühlen!?
Die Zehen mit ihren kleinen Knöchelchen. Die große Zehe hat nur zwei davon, die anderen drei. Von unten sehen sie ganz anders aus. Mit den kleinen Bällchen ganz vorne läßt sich der Boden gut erkunden.
Wenn ich sie fest gegen die Erde stemme, erhält mein Fuß, mein ganzer Körper eine festere Verbindung mit dem Boden und einen festeren Halt.
Und dann die Fußsohle!
Ich streiche von der Zehe bis zur Ferse. Vielleicht spüre ich jetzt deutlicher, wie empfindsam sie ist und bisweilen auch kitzlig. Zwischen Zehenballen und Fersen wölbt sich der Fuß nach oben.
Rund und fest fühlt sich die Ferse an. Wer viel barfuß geht, spürt auf ihrer Unterseite eine dicke und feste Haut. So ist die Haut auch auf dem Fußballen.
Noch einmal zum Fußrücken! Ich betrachte seine gewölbte Form! Nach vorne neigt er sich zu den Zehen, nach außen zur Kante der Füße. Von den Zehen ziehen die schmalen Grate der Knochen hinauf zum Fußgelenk.

Für diese Übung bitten wir die Kinder, mit frisch gewaschenen Füßen zu kommen. Vielleicht läßt es sich auch einrichten, daß die Kinder ihre Füße vor dieser Übung (gemeinsam) waschen.

Dann lassen wir die Kinder sich mit Kissen oder Decken auf den Boden setzen.

Beobachtet zunächst, wie ihr dasitzt!
Welche Körperteile liegen auf dem Boden auf?
Wie ist eure Wirbelsäule? Trägt sie euren Körper frei, oder sitzt ihr gekrümmt oder zusammengesunken da?
Geht jetzt mit eurer Aufmerksamkeit zu euren Füßen.
Könnt ihr sie jetzt spüren?
Sind sie kalt oder warm?
Wenn ihr jetzt eure Zehen auf und ab bewegt und die Füße leicht kreisen laßt, erlebt ihr sie deutlicher.
Fangt jetzt damit an, einen Fuß zu massieren.
Setzt euch dazu so hin, daß ihr mit beiden Händen den Fuß gut umschließen und bequem die Sohle erreichen könnt. Massiert zunächst die einzelnen Zehen. Fahrt dabei auch mit euren Fingern zwischen die einzelnen Zehen.
Dann schließt eine Hand zur Faust und massiert mit den Fingerknöcheln mit unterschiedlichem Druck eure Fußsohle.
Danach könnt ihr mit beiden Händen den Fuß umschließen und ihn von der Zehe bis zum Fußgelenk massieren. Das könnt ihr sanft oder fester machen, nur mit den Fingerspitzen oder mit den ganzen Händen.
Wenn ihr damit fertig seid, setzt den massierten Fuß auf den Boden.
Spürt ihr einen Unterschied zwischen dem massierten Fuß und dem anderen?

Nach einer kurzen Pause dürft ihr auf ähnliche Weise euren anderen Fuß behandeln.
Wenn ihr auch mit dem anderen Fuß fertig seid, steht bitte wieder auf. Beobachtet jetzt, wie ihr dasteht. Spürt ihr, daß ihr jetzt eine andere Verbindung mit dem Boden habt als vorher?

Geht dann, zum Abschluß, langsam durch den Raum.
Wie ist euer Gehen jetzt?
Und wie spürt ihr eure Füße?

Vielleicht habt ihr nach dieser Übung den Wunsch, von nun an sorgsamer und achtsamer mit euren Füßen umzugehen.

Summen

In der warmen Jahreszeit erleben wir draußen in der Natur ganz unterschiedliches Summen und Brummen: helles und dunkles, langgezogenes oder schnell vorbeischwirrendes. Fliegen, Käfer, Bienen und Hummeln sind es, die da vorbeifliegen.
Leise summen bisweilen Mütter, wenn sie ihre Säuglinge oder kleinen Kinder in den Schlaf wiegen. Ein solches Summen hüllt das kleine Kind ein. Ruhe und Geborgenheit breiten sich dann aus.
Wir kennen aber auch das beunruhigende Summen von Stechmücken oder Bremsen, das uns wach und vorsichtig werden läßt und uns zur Flucht bereitmacht.

Die Kinder sitzen im Kreis auf dem Boden, am besten im Fersensitz oder auf einem hohen Kissen, so daß sie möglichst frei atmen können.
Dann beginnen wir mit einem Gespräch über das Summen, das wir in der Natur hören können.

Versucht doch einmal unterschiedlich zu summen – beruhigend – bedrohlich.
Je nach eurer Stimmung dürft ihr hoch oder niedrig, laut oder leise, zart oder bedrohlich summen.
Wenn ihr lange genug experimentiert habt, bleibt bitte noch eine kurze Weile leise sitzen.
Ihr könnt jetzt ausprobieren, wie es ist, gemeinsam zu summen.
Fangt zunächst mit tiefen Tönen an.

Wie geht es euch mit dem Summen beim Einatmen und wie beim Ausatmen? Jeder darf dabei den Rhythmus wählen, der ihm am besten entspricht. Er darf also so lange ausatmen und dabei summen, wie es ihm gut erscheint.
Ich gebe euch dann ein Zeichen, und ihr könnt damit anfangen.

Nach dem Summen fragen wir die Kinder, was ihnen aufgefallen ist, welche Bewegungen sie in ihrem Körper gespürt und wie sie sich dabei gefühlt haben.

Probiert jetzt aus, wie es ist, wenn ihr mit höherer Stimme summt!
Spürt ihr, wie euer Körper unterschiedlich mitschwingt je nach der Höhe eures Summens? Wenn ihr genau auf euren Körper achtet, bemerkt ihr wie bei den tieferen Tönen Bewegungen und Schwingungen eher in der Bauchgegend, bei den höheren Tönen eher im Bereich des Halses und des Kopfes erscheinen.
Laßt uns zum Abschluß an den Händen halten und etwa in gleicher Stimmhöhe summen.

Ich halte deine Hand

Gehaltenwerden ist eine ganz besonders lebendige Erfahrung im Zusammensein mit anderen Menschen.

Ein Kind weint und wird von seiner Mutter getröstet und in den Armen gehalten. Zwei Liebende breiten ihre Arme aus, um den anderen zu umfangen und ganz an sich zu drücken.

Wenn wir die Hand eines anderen Menschen mit unseren beiden Händen umschließen, können wir eine ähnlich feste und lebendige Verbindung erleben. Eine solche Erfahrung wird uns um so stärker berühren, je mehr wir gewohnt sind, von anderen mit Worten oder Bewegungen eingeengt, manipuliert oder geringschätzig behandelt zu werden. Deshalb kann uns diese Nähe auch Angst machen.

Jedes Kind darf in Ruhe entscheiden, mit wem es bei dieser Meditation zusammengehen möchte.

Es ist hilfreich, wenn wir die Übung zunächst einmal mit einem anderen Kind vormachen. So können die übrigen Kinder besser entscheiden, ob sie mitmachen oder lieber zuschauen wollen.

Jeweils zwei Kinder sitzen sich auf Stühlen gegenüber. Besser ist es – vorausgesetzt, die äußeren Bedingungen lassen dies zu – wenn sich die Paare auf Decken im Schneider- oder Fersensitz auf dem Boden gegenübersitzen.

Nach einer kurzen »Begrüßung« durch Anschauen oder durch Verneigen vereinbaren die beiden Meditierenden, wer zuerst die aktive und wer die passive Rolle übernimmt.

Das Kind mit der aktiven Rolle wartet zunächst ab, bis sein Partner bereit ist, ihm eine Hand zu geben. Er kommt dann der Hand entgegen, empfängt diese mit seinen beiden Händen und hält sie eine Weile umschlossen. Um einen ruhigen Halt geben zu können, kann das aktive Kind seine Arme je nach Sitzweise auf seinen Oberschenkeln oder Knien abstützen.

Wie spürt ihr jetzt die Hand eures Partners?
Und wie eure eigenen Hände?
Welche Gefühle erlebt ihr, wenn eure Hand gehalten wird? Versucht jetzt einmal zwischen diesen Gefühlen und dem Anblick eurer Hände hin- und herzuwandern.
Wie geht es euch, wenn ihr dann wieder euren Partner anschaut?
Bleibt jetzt noch eine Weile mit eurem Partner zusammen und schließt dabei die Augen!
Geht dann mit eurer Aufmerksamkeit zu eurem Körper und beobachtet, wie sich euer Bauch und eure Brust beim Einatmen ausdehnen und beim Ausströmen des Atems wieder senken.
Wie spürt ihr jetzt eure Hände?
Nach einer Weile sollt ihr euch wieder trennen. Laßt euch damit Zeit! Nehmt zunächst behutsam eure Hände zurück und öffnet wieder die Augen.
Bevor ihr die Rollen tauscht, darf jeder seinem Partner noch sagen, wie es ihm ergangen ist, was ihm gefallen hat, oder womit er Schwierigkeiten hatte.
Zum Abschluß der Übung setzen wir uns alle noch einmal im Kreis zusammen und halten uns an den Händen.
Wir bleiben noch eine Weile so zusammen. Spürt ihr den gemeinsamen Kreis?
Verabschiedet euch dann mit einem Händedruck von eurem Nachbarn und verlaßt den Kreis.

Führen und Sich-führen-Lassen

Jemandem vertrauen und das Vertrauen eines anderen geschenkt bekommen, sind Grunderfahrungen unseres Lebens. Ohne Vertrauen breiten sich Angst, Unsicherheit und Verzweiflung aus. Vertrauen durch Kontrolle oder Sicherung ersetzen zu wollen, würde bedeuten, unser Leben der Verhärtung, der Einengung und Starre preiszugeben.
Sich der Führung eines anderen zu überlassen und auch selbst zu führen, lassen uns auf einfache Weise erfahren, wie wir mit dem Gefühl des Vertrauens umgehen.

Für diese Meditation bitten wir die Kinder, sich paarweise zusammenzustellen.

Vereinbart jetzt zunächst, wer zuerst führt und wer sich führen läßt. Wer geführt wird, soll die Augen schließen. Dann darf er sich an die Hand nehmen und von seinem Partner durch den Raum führen lassen. Diejenigen, die führen, achten darauf, daß ihre Partner nicht mit anderen Teilnehmern zusammenstoßen und daß sie auch sonst nirgends anstoßen.
Wenn ihr über eure Hände in einer guten Verbindung mit eurem Partner seid, spürt ihr, ob es gut ist, wie ihr gerade führt. Wer geführt wird und plötzlich ganz unsicher wird, darf ruhig einmal die Augen öffnen. Nach ein paar Minuten bekommt ihr ein Zeichen, dann bleibt bitte stehen.

Ihr könnt euch jetzt bei eurem Partner bedanken, daß er euch geführt hat oder daß er sich von euch hat führen lassen. Tauscht dann die Rollen.
Zum Abschluß setzt euch alle noch einmal in einen Kreis.
Wer mag berichten, wie es ihm bei dieser Übung ergangen ist?
Was war leichter: Führen oder Geführtwerden?
Nach diesem Gespräch bleiben wir noch eine Weile still sitzen.

Diese Übung kann vertieft werden, wenn jeweils zwei Kinder ein drittes führen, das in ihrer Mitte geht. Für das Kind, das geführt wird, kann diese Übung zu einer recht lebendigen Erfahrung werden. Gefühle von Geborgenheit, aber auch von Einengung und Bevormundung können auftauchen. Vielleicht wird bei einigen auch die Sehnsucht nach Menschen wach, die Schutz und liebevollen Halt geben können.

Tanzen

Tanzen gehört zu den schönsten Bewegungen unseres Lebens. Mit Tanzen als heiligem Ritual wurde seit Jahrtausenden die Verbindung des einzelnen und der Gemeinschaft mit dem Göttlichen hergestellt. Im ekstatischen Tanz offenbart sich manchem Menschen das Göttliche unmittelbar.
Tanzen hat bei uns weitgehend seine religiöse oder seine heilige Bedeutung verloren. Dennoch kann auch heute ein jeder von uns beim Tanzen überschwengliche Freude, Begeisterung und das Gefühl des Über-sich-hinaus-Seins erfahren.
Eine der einfachsten Formen des Tanzens ist das Drehen um die eigene Achse. Dabei bewegt sich der Tänzer gegen den Uhrzeigersinn, auf einer Stelle. Wer diese Drehrichtung als unbequem oder unnatürlich erlebt, wählt die Drehung im Uhrzeigersinn.
Drehen um die eigene Achse, Wirbeln, können wir schon bei kleinen Kindern beobachten. Bei den Sufis, einer islamischen Religionsgemeischaft, geht das ekstatische Wirbeln einher mit dem Erfülltsein von göttlicher Liebe.

Für diese Meditation wählen wir einen Raum aus, der allen Kindern so viel Platz bietet, daß sie nicht mit anderen zusammenstoßen, auch wenn alle mit ausgebreiteten Armen tanzen. Die Kleidung, die wir für diese Form der Meditation wählen, sollte bequem und besonders schön sein.
Wir betreten unseren »Tanzraum« ohne Schuhe; am besten tanzen alle mit bloßen Füßen.

Sucht zunächst in aller Ruhe einen Platz, der euch für diese Meditation gut erscheint. Für den einen mag dies der Platz in der Mitte des Raumes,

für einen anderen ein Platz vor einem Fenster, an der Wand oder an der Türe sein.
Beobachtet zunächst, wie ihr dasteht!
Spürt ihr den Boden unter euren Füßen?
Stellt euch dann so hin, daß ihr ruhig und fest mit dem Boden verbunden seid.
Beginnt euch dann langsam zu drehen, zunächst ohne Begleitung durch Musik. Wenn ihr euch unwohl oder schwindelig fühlt, macht eine kurze Pause oder tanzt einfach langsamer.
Wie ist es, wenn ihr euch schneller dreht?
Vielleicht spürt ihr dann, wie sich eure Arme von alleine heben und in die Höhe schweben.
Probiert aus, wie es ist, wenn ihr mit weit geöffneten Armen tanzt.
Und wie anders ist es, wenn ihr die Arme über euren Kopf hebt und eure Handflächen sich begegnen. Wenn ihr euren Tanz beenden wollt, werdet langsamer und gleitet behutsam zu Boden.
Bleibt jetzt ein paar Minuten am Boden liegen. Gerade so, wie es für euch am bequemsten ist und wie es euch gefällt. Vielleicht spürt ihr, wie der Boden euch trägt und wie ihr euch ihm in Ruhe anvertrauen könnt.

Wenn genug Zeit ist (oder an einem anderen Tag), wiederholen wir dieses Tanzen und lassen uns dann durch eine passende Musik führen.[5]

Hier und jetzt

Mit unseren Gedanken, mit unseren Wünschen und mit unserer Sehnsucht sind wir oft schon beim Morgen oder beim Übermorgen, in einem anderen Raum, an einem anderen Ort.
Ganz hier zu sein, ganz bei dem zu sein, was wir gerade tun oder fühlen, gelingt uns so selten. Wie selten auch können wir das annehmen, was jetzt im Augenblick gerade ist und uns dabei wohlfühlen.

Laßt uns erfahren, beim Morgen und fort von Hier zu sein, und laßt uns dann erleben, wie es ist, zum Hier und Jetzt zu gehen.
Wählt euch zunächst jemanden aus, mit dem ihr diese Übung durchführen wollt.
Sucht dann einen Platz im Raum aus, an dem ihr euch auf dem Boden oder auf Stühlen gegenübersetzen könnt. Sprecht zunächst ab, wer zuerst zum Morgen, zur Zukunft, und zu einem anderen Ort gehen und wer zum Hier und Jetzt führen will.
Ihr könnt dann damit beginnen zu erzählen, was ihr beispielsweise morgen machen werdet:
»Morgen werde ich…« Dann fragt euer Partner:
»Und jetzt?«
Vielleicht antwortet ihr ihm dann mit:
»Jetzt sitze ich hier« oder »Jetzt fühle ich mich unwohl!«
Geht dann wieder vom Hier und Jetzt weg. Ihr könnt euch überlegen, was ihr in der nächsten Woche tun möchtet oder von einem anderen Ort berichten.
Wenn ihr von einem anderen Ort erzählt, kann euch euer Partner fragen:

»Und hier?«
Wechselt nach einiger Zeit die Rollen. Euer Partner, der zuvor nach dem Hier und Jetzt gefragt hat, soll jetzt selbst von seinem Morgen und von anderen Orten berichten. In gleicher Weise wie vorher fragt ihr ihn dann: »Und jetzt?« oder »Und hier?«.

Nach dieser Übung verteilen sich die Kinder einzeln im Raum und suchen sich einen Platz aus, an dem sie ruhig sitzen können.

Setzt euch zunächst aufrecht hin, so daß euer Bauch nicht eingeengt wird und der Atem frei fließen kann.
Dann geht mit euren Gedanken zu euren Plänen und Wünschen, zu euren Hoffnungen und Zielen.
So könnt ihr euch zunächst ganz von der Zukunft einnehmen lassen und euch vom Augenblick, vom Jetzt und vom Hier entfernen.
Laßt nach einiger Zeit die Gedanken an die Zukunft, an das »Noch-nicht« weiterziehen und kommt zu dem, was jetzt, in diesem Augenblick ist.
Hört euch jetzt die folgenden Zeilen an und begleitet den Text mit »inneren Bewegungen«.

Da sitze ich zusammen mit anderen Kindern.
Ich kann meinen Atem spüren,
spüren, wie er kommt und geht.

Die Bewegungen meines Körpers;
sie begleiten meinen Atem.

Jetzt bin ich hier.
Nichts Besonderes.

Wenn die Kinder dazu bereit sind, können sie sich nach einiger Zeit der Stille noch einmal zusammensetzen.

Wie war diese Meditation für euch?
Und wie geht es euch jetzt?

Einfach daliegen

Einfach daliegen, nichts besonderes tun, die Welt um uns herum vergessen! Wann haben wir das zum letzten Mal erlebt?

Die Kinder bringen für diese Meditation eine Decke mit. In dem Raum, der für diese Meditation ausgewählt wird, sollten nach Möglichkeit keine Stühle und Tische stehen. Der Fußboden sollte sauber sein.

Wenn wir unseren Meditationsraum mit Socken oder barfuß betreten, werden unsere Füße den Boden noch besser spüren können!
Laßt uns achtsam mit diesem Raum umgehen, auf dessen Boden wir uns ausgestreckt hinlegen!
Geht zunächst umher und sucht euch einen Platz für euch und eure Decke aus, der euch gefällt.
Breitet eure Decken auf dem Boden aus. Dann legt euch hin, laßt euch dabei Zeit.
Ihr könnt auch erst eine Weile auf eurer Decke stehen bleiben, euch dann hinsetzen und euch danach ganz hinlegen.
Nun beobachtet, wie ihr daliegt.
Spürt ihr, wo ihr die beste Verbindung mit dem Boden habt?
Legt euch dann alle auf den Rücken! Wie spürt ihr jetzt euren Körper?
Wenn ihr eine Weile einfach so daliegt, könnt ihr vielleicht die Geräusche um euch herum und in euch deutlicher hören.

Vielleicht kommen jetzt auch Erinnerungen, Gedanken oder Impulse hoch, irgend etwas zu tun. Wer will, kann davon erzählen.
Bleibt danach einfach noch eine Weile so liegen!
Wenn ihr lange genug gelegen habt, steht langsam wieder auf. Streckt zunächst die Arme, atmet kräftiger; vielleicht wollt ihr auch gähnen!
Dies kann euch helfen, nach dem ruhigen Liegen wieder wach zu werden und euch den anderen zuzuwenden.
Setzt euch dann noch einmal mit euren Decken in einen Kreis.
Wer mag davon berichten, wie es ihm bei dieser Meditation ergangen ist?

Wenn wir spüren, daß die Kinder noch genügend Aufmerksamkeit für die Gruppe haben, können wir sie noch einmal im Liegen den Kreis erfahren lassen.

Breitet jetzt eure Decken so aus, daß sie sternförmig in die Mitte weisen.
Wenn ihr euch dann hinlegt, sollten sich eure Füße beinahe in der Mitte berühren. Eure Arme legt ihr etwas entfernt neben euren Körper!
Faßt euch dann an den Händen und bleibt so noch eine Weile ruhig liegen.
Auf ein Zeichen hin laßt ihr die Hände eurer Nachbarn wieder los.
Richtet euch nach einer Weile wieder auf und erhebt euch dann langsam.

Armut

Über Armut meditieren?
Wie fürchten wir sie doch! Wie sichern wir uns ihr gegenüber ab! Und wie sehr verachten wir offen oder heimlich diejenigen, die arm sind. Wir leben in einem Land, in dem es vor allem darum geht, unnötige Dinge herzustellen, zu verbrauchen und wegzuwerfen. Wir tun das mit einem Fleiß, mit einer Gier, die uns kaum noch auffallen.
Und wie arm sind wir dabei in unseren Herzen geworden!
Auf Reisen in fernen Ländern fällt uns auf – ja, wir staunen darüber, – wie freundlich und herzlich oft arme Menschen sind. Das Wenige, was sie haben, teilen sie meist noch stolz und voller Freude mit den Fremden.
Für Franz von Assisi, den letzten Christen[6], war die Armut wie eine Geliebte. Sie war verbunden mit Leichtigkeit und Fröhlichkeit. Seine Liebe zur Natur, zur Schöpfung Gottes, war selbstverständlich verbunden mit Armut – einer Armut, die nicht nur Besitzlosigkeit meinte, sondern auch die Geringschätzung von Buchwissen.

Wir bitten die Kinder, für diese Meditation Dinge mitzubringen, die ihnen wertvoll und wichtig erscheinen (Bücher, Kleider, Schmuck, besondere Lebensmittel). Ihren »Besitz« können die Kinder bei dieser Übung noch vergrößern, indem sie sich mit Gegenständen aus dem Haus (aus dem Zimmer) »bereichern«, in dem wir diese Meditation durchführen.
Als besonders geeignet für diese Meditation erscheint ein Raum, der einfach ist und der nur wenige Dinge enthält. Damit die Kinder auf dem Boden sitzen können, bitten wir sie, Kissen und Decken mitzubringen.

Verteilt euch zunächst im Raum so, daß ihr möglichst weit voneinander entfernt sitzt und euch mit eurem Besitz möglichst sicher fühlt.
Baut die mitgebrachten Gegenstände so auf, daß kein anderes Kind an sie heran kann und daß ihr euch möglichst gut mit ihnen verbunden fühlt.
Zur Sicherung eures Besitzes könnt ihr auch die Stühle oder Tische im Raum verwenden.
Beschäftigt euch dann ausgiebig mit euren Sachen. Mit den anderen Kindern sollt ihr euch dabei nicht befassen. Achtet auch darauf, daß sie nicht so sehr in eure Nähe kommen.

Nach einiger Zeit – die Zeitspanne sollte nicht zu kurz gewählt werden – geben wir den Kindern ein Zeichen.

Räumt jetzt all eure Sachen aus dem Raum.
Stellt die Stühle oder Tische an die Wand oder (falls dies ohne größeren Aufwand möglich ist) tragt sie auf den Flur.
Jetzt setzt euch mit euren Decken und Kissen in einem Kreis auf den Boden.
Wie sitzt ihr da?
Geht mit eurer Aufmerksamkeit zunächst zu eurem Körper. Betrachtet eure Füße, bewegt sie sacht, spielt mit den Zehen. Wandert dann hoch zu euren Beinen und zu eurem Gesäß.
Spürt ihr, wie ihr dasitzt?
Gibt es eine Haltung, in der ihr eine bessere Verbindung mit dem Boden habt?
Geht dann mit eurer Aufmerksamkeit zu eurem Rücken und zu den Schultern. Dies wird euch leichter fallen, wenn ihr euren Körper sachte hin- und herbewegt, die Schultern hochzieht und wieder locker laßt oder wenn ihr sie ein klein wenig kreisförmig bewegt.

Euer Gesicht könnt ihr deutlicher spüren, wenn ihr jetzt die Augen schließt und das Gesicht mit euren Händen bedeckt. Umfaßt dann noch euren Kopf bis zur Scheitelhöhe mit beiden Händen.
Nach einer Weile legt beide Hände in den Schoß.
Haltet jetzt noch für eine kurze Weile eure Augen geschlossen und begleitet aufmerksam euren Atem.
Wie ist es, wenn ihr die Augen jetzt wieder öffnet, die anderen Kinder im Kreis seht und mit euren Blicken von einem zum anderen wandert?

Und wie erlebt ihr euch selbst, wenn ihr ganz einfach dasitzt ohne euren Besitz um euch herum und ohne besonderen Schutz?
Wer mag dazu etwas sagen?

Zum Abschluß darf einer aus dem Kreis noch den folgenden Text von Lao Tse[7] vorlesen?

> Ruhm oder das Selbst: was zählt mehr?
> Das Selbst oder Reichtum: was ist kostbarer?
> Gewinn oder Verlust: was ist schmerzvoller?
>
> Wer an Dingen haftet, wird viel leiden.
> Wer hortet, wird schweren Verlust erfahren.
> Ein genügsamer Mensch ist niemals enttäuscht.
> Wer weiß, wann innezuhalten ist, gerät nicht in Bedrängnis.
> Er wird allzeit sicher sein.

Ein lieber Mensch

Ein lieber Mensch!
An wen denken wir da?
Können wir sein Bild in uns erscheinen lassen?
Vielleicht erinnern wir uns an gemeinsame Gespräche mit einem solchen lieben Menschen oder »beginnen« ein vertrautes Gespräch mit ihm.
Ein lieber Mensch kann uns begleiten, auch wenn er weit weg oder vielleicht schon gestorben ist. Wir können uns von ihm trösten lassen und ihm Trost spenden, auch wenn wir nicht mit ihm zusammen sind. Die Verbindung mit ihm kann unser Leben liebevoller machen.
Manchmal begegnen wir Menschen, die einen solchen lieben anderen nicht erfahren haben. Sie verbergen ihren Schmerz, ihre Trauer und ihre Sehnsucht oft unter einer Haltung von Mißtrauen, Feindseligkeit oder Resignation. Manchmal erleben wir diese Haltung auch bei uns.
Dann kann es sein, daß kein lieber Mensch in uns »lebendig« wird, daß alle Menschen, die wir gekannt haben oder mit denen wir zusammenleben, an uns vorbeiziehen und vielleicht nur Wut und Ärger in uns zurückbleiben.
Dies angestrengt ändern oder verleugnen zu wollen, indem wir etwa versuchen, Gefühle der Zuneigung oder Liebe zu »schaffen«, würde uns nur um so einsamer zurücklassen und unsere Abneigung verstärken.
Einfacher und wahrhaftiger wäre es, in einer inneren Zwiesprache mit den Menschen, die uns enttäuscht haben, zu unserer Aggression zu stehen. Vielleicht würde dies aber auch mithelfen, diesen Menschen von unserer Sehnsucht nach mehr Nähe und Zuneigung zu erzählen.

Wir bitten die Kinder, zu dieser Meditation ein Bild (Foto) von einem Menschen mitzubringen, mit dem sie sich in Liebe verbunden fühlen oder der für sie von besonderer Bedeutung ist. Wer kein Foto mitbringen mag, kann dennoch

an dieser Meditation teilnehmen. Er kann dann bei den entsprechenden Gesprächen und Begegnungen zu seinem inneren Bild eines solchen Menschen gehen.
Zu Beginn darf sich jedes Kind einen Partner aussuchen, mit dem es sich über den Menschen unterhalten mag, dessen Foto es mitgebracht hat.

Sucht euch nun zu zweit einen Platz hier im Raum, in den angrenzenden Räumen oder im Freien aus, an dem ihr euch in Ruhe gegenübersetzen und miteinander reden könnt.
In dieser kleinen Gruppe darf jeder erzählen, wer dieser Mensch ist, was ihn mit diesem Menschen verbindet, was er an ihm mag oder auch was er an ihm nicht so gerne hat. Derjenige, der zunächst schweigend zugehört hat, darf dann seinen Partner fragen, was ihn interessiert oder was ihm bei der Erzählung aufgefallen ist.
Dann werden die Rollen getauscht.

Wenn genügend Zeit ist, können diese Paargespräche noch mit anderen Kindern fortgeführt werden. Dann treffen sich alle wieder im Kreis und setzen sich mit Decken oder Kissen auf den Boden.

Nehmt jetzt eine Haltung ein, in der ihr bequem da sein könnt und die es euch erlaubt, euren Atem, euren Körper und die anderen im Kreise wach wahrzunehmen.
Wer mag, darf jetzt sein Bild, das er mitgebracht hat, den anderen in der Gruppe zeigen.
Falls ihr die Bilder nicht alle erkennen könnt, schaut sie euch einzeln an und gebt sie dann weiter, so daß jeder sie genau betrachten kann.
Geht jetzt in Gedanken wieder zu dem Menschen, den ihr ausgewählt habt und der euch bei der Meditation begleitet hat. Ihr könnt ihm »sagen«, daß ihr ihn liebt oder mögt. Vielleicht könnt ihr ihm auch

mitteilen, wie sehr ihr euch freut, daß er mit euch auf dieser Welt ist. Wer mag, kann wünschen, daß es ihm gut gehe und daß er mit Liebe erfüllt werde.

Wenn ihr keinem liebevollen Menschen in eurem Inneren begegnet, könnt ihr von jemandem aus eurem Leben erzählen, von dem ihr euch Liebe und Nähe ersehnt und doch nicht erhalten habt. Wenn dabei Wut oder Enttäuschung erscheinen, und ihr darüber sprecht, ist dies vielleicht der erste Schritt zu einer neuen und lebendigen Begegnung mit diesem Menschen.

Geht jetzt mit eurer Aufmerksamkeit wieder zu den anderen Kindern im Kreis und steht dann langsam auf.

Wer mag, kann jetzt einem anderen Kind aus der Gruppe erzählen, wie es ihm ergangen ist.

Wohin gehen wir?

Nach Gurdjieff[8] beginnt das Erwachen eines Menschen in dem Augenblick, wo er bemerkt, daß er nirgendwohin geht und nicht weiß, wohin er gehen soll.

Keinen Plan zu haben, kein Ziel zu verfolgen, das ist bei uns verdächtig. Zugestanden wird das hin und wieder noch den Patienten in der Psychiatrie; vorausgesetzt, sie fallen dabei nicht allzusehr auf.

Bei kleinen Kindern erleben wir bisweilen noch, daß sie keine besonderen Pläne haben, kein Ziel, dem der Augenblick geopfert werden muß. Mit unserem pädagogischen Eifer, mit unserer Rastlosigkeit drängen wir sie oft rasch nach vorne und strafen ihr Verweilen.

Zu bemerken, daß es nirgendwohin geht, könnte all unser angestrengtes Streben beenden. Mit welch lebendiger Achtsamkeit, mit welch tiefem Mitgefühl würden wir dann in der Welt sein!

Erwachen läßt sich nicht planen und nicht üben, wir können uns nur dafür offen halten.

Die folgende Meditation kann uns zeigen, wie rastlos wir planen und streben. Vielleicht erahnen wir dabei auch, wie es wäre, wenn wir erkennen würden, daß wir nirgendwohin gehen. Und wie wäre es wohl, wenn wir unsere Unwissenheit zugeben könnten und sie annehmen würden?

Für diese Meditation stellen wir für jedes Kind einen Bogen (Pack-)Papier und Stifte zur Verfügung. Die Kinder bitten wir, eine Decke oder ein Kissen zum Sitzen mitzubringen.

Im ersten Teil der Meditation soll jeder auf seinen Bogen Papier schreiben, was er alles werden und welche Ziele er erreichen möchte. Danach bitten wir die Kinder, im Kreis zusammenzukommen und den anderen zu zeigen, welche Pläne und Ziele sie haben. Wer mag, darf vorlesen, was er aufgeschrieben hat. Dann werden die beschriebenen Blätter gefaltet und weggelegt.

Versucht jetzt für eine Weile diese Pläne und Ziele zu vergessen. Ihr dürft jetzt etwa 10 Minuten lang das tun, was euch gerade einfällt. Dabei könnt ihr auch den Raum oder das Haus verlassen, in dem wir gerade sind.

Wenn die Kinder dann wieder zusammengekommen sind, darf jedes erzählen, was es gemacht hat.
Vielleicht merken dabei einige, daß sie auch in dieser »freien« Zeit kleine Pläne geschmiedet und kurzfristige Ziele verfolgt haben.
Wir bitten die Kinder, dies nicht zu beurteilen oder zu verurteilen. Es genügt, wenn es ihnen aufgefallen ist.

Es gibt kein Ziel, das wir erreichen könnten.

Wie ist es, nichts anderes zu tun, als im Kreis zu sitzen, den Atem zu beobachten und immer wieder zu diesem Gedanken zu gehen?
Wendet euch dann aufmerksam eurem Atem zu. Wie ist es, nichts anderes zu tun als zu sitzen und zu atmen?

Es gibt kein Ziel, das wir erreichen könnten.

Anmerkungen

1 Bancroft, *Zen*
Dürkheim, *Meditieren*
2 Behrendt, *Nada Brahma. Die Welt ist Klang*
3 Lao Tse, *Tao Te King*, Vers 78
4 Im einzelnen kann hier noch einmal auf eine der Sitzhaltungen aufmerksam gemacht werden, wie sie auf S. 12 - 16 beschrieben sind.
5 Dafür eignen sich sowohl klassische als auch moderne Musikstücke. Im Fachhandel sind auch Musikkassetten mit Sufi-Musik erhältlich.
6 So nennt ihn A. Holl in seinem Buch *Der letzte Christ*.
7 Lao Tse, *Tao Te King*, Vers 44
8 Smedt, *50 Techniken der Meditation*, S. 300

Literatur

Die mit * gekennzeichneten Bücher sind vor allem praxisorientiert.

Bancroft, A.: *Zen*. München: Kösel 1985

Behrendt, J.A.: *Nada Brahma. Die Welt ist Klang*. Frankfurt/M.: Insel 1985

Bhagwan Shree Rajneesh: *Was ist Meditation*. Sannyas Verlag, o.J.

Boden, L.M.: *Meditation und pädagogische Praxis*. München: Kösel 1978

Brooks, Ch.V.W.: *Erleben durch die Sinne*. Paderborn: Junfermann 1985

*Delakova, K.: *Beweglichkeit*. München: Kösel 1984

Deshimaru, T.: *Die Praxis der Konzentration*. Freiburg: Aurum 1986

*Downing, G.: *Massage und Meditation*. München: Goldmann 1984

Dürckheim, Graf K.: *Meditieren – wozu und wie*. Freiburg: Herder 1976

Dürckheim, Graf K.: *Der Alltag als Übung*. Bern: Huber 1980

Holl, A.: *Der letzte Christ*. Frankfurt/M.: Ullstein 1982

Krishnamurti, J.: *Einbruch in die Freiheit*. Frankfurt/M.: Ullstein 1985

Lao Tse: *Tao Te King*. Bearbeitung von Gia-Fu Feng u. J. English. Haldenwang: Irisiana 1978

*Middendorf, J.: *Der erfahrbare Atem: eine Atemlehre*. Paderborn: Junfermann 1985

*Moegling, B./Moegling, K.: *Sanfte Körpererfahrung*. Bd. 1. Kassel: Kasseler Verlag 1986

*Murdock, M.: *Dann trägt mich meine Wolke…* Freiburg: Bauer 1989

Petzold, H. (Hrsg.): *Psychologie, Meditation, Gestalt*. Paderborn: Junfermann 1983

*Rozmann, D.: *Mit Kindern meditieren*. Frankfurt/M.: Fischer 1982

*Smedt, Marc de: *50 Techniken der Meditation*. Freiburg: Aurum 1986

Suzuki, D.T.: *Erfülltes Leben aus Zen*. München: Barth 1973

Watts, A.W.: *Zen*. Rheinberg: Zero 1981

*Whitmore, D.: *Kreativitätsspiele mit Kindern*. München: Kösel 1988

Else Müller
Träumen auf der Mondschaukel

Autogenes Training
mit Märchen und Gute-Nacht-Geschichten
Mit Illustrationen von Alice Meister
126 Seiten. Gebunden.

Kinder brauchen Märchen. Das Eintauchen in die magische, innere Bilderwelt, in die Unbegrenztheit der Phantasie, hat eine heilende Kraft. Die Märchen in der Mondschaukel eignen sich als wirkungsvolle "Entspannungsgeschichten" für lebhafte Kinder, um ihre überschüssigen Energien zu kanalisieren, können aber auch als schlaffördernde Gute-Nacht-Geschichten vorgelesen werden. Die beruhigenden Bilder, die in die Texte eingebundenen Formeln des Autogenen Trainings, die Atemberuhigungen und Affirmationen werden mit in den Schlaf hineingenommen, und die Phantasien gehen erholsam in die Träume ein.

»Phantasie ist wichtiger als Wissen«
(Albert Einstein)